沙与海

黄元琪　陈跃飞　著

丝路古道的
千年与新生

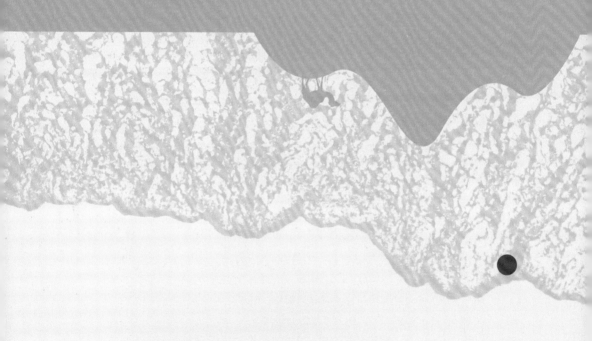

北京大学出版社
PEKING UNIVERSITY PRESS

内 容 提 要

本书以古丝绸之路为主线，两位作者沿着前人的足迹，从大漠到海洋，横穿亚欧，探访沿途的重要城镇——敦煌、阿拉木图、多哈、阿姆斯特丹、亚历山大港、马六甲、泉州等，思索丝路文明和我们的关系。

历史与现实、商贸与旅行、美景与民俗，以及海上丝绸之路和古代中西方文明的交汇碰撞……本书不仅用文字对丝路文明进行了细致、深入的解读，还用精美的摄影图片表现了冷静、细腻的观察，兼具文化价值和美学价值，非常适合对丝路文明和历史感兴趣、对美学与人文精神有追求的读者阅读。

图书在版编目（CIP）数据

沙与海：丝路古道的千年与新生 / 黄元琪，陈跃飞著. —北京：北京大学出版社，2024.4

ISBN 978-7-301-34856-7

Ⅰ.①沙… Ⅱ.①黄… ②陈… Ⅲ.①丝绸之路 – 摄影集 Ⅳ.①K928.6–64

中国国家版本馆CIP数据核字（2024）第045486号

书　　　名	沙与海：丝路古道的千年与新生	
	SHA YU HAI: SILU GUDAO DE QIANNIAN YU XINSHENG	
著作责任者	黄元琪　陈跃飞　著	
责 任 编 辑	滕柏文	
标 准 书 号	ISBN 978-7-301-34856-7	
出 版 发 行	北京大学出版社	
地　　　址	北京市海淀区成府路205号　　100871	
网　　　址	http://www.pup.cn　　　新浪微博:@北京大学出版社	
电 子 邮 箱	编辑部 pup7@pup.cn　　　总编室 zpup@pup.cn	
电　　　话	邮购部 010-62752015　发行部 010-62750672　编辑部 010-62570390	
印 刷 者	北京九天鸿程印刷有限责任公司	
经 销 者	新华书店	
	720毫米×1020毫米　16开本　18印张　216千字	
	2024年4月第1版　2024年4月第1次印刷	
印　　　数	1–5000册	
定　　　价	128.00元（精装）	

推荐序

沙漠与海洋，从它们随着地壳变动形成的那刻开始，便自带冷酷的隔绝机制。

汉代张骞出使西域，凭借超人的勇气、智慧和决心，抵挡住敌人的威逼利诱，穿越九死一生的地理阻隔，异态文明这才小心翼翼地相互认识。碧海、金沙、驼铃、船帆……熙来攘往了不止千年的道路上，具体的画面景观与抽象的精神内核碰撞，如同在宇宙中迅速移动的小行星撞击到另一颗星球，迸发出巨大的能量。我们可以把丝绸之路对世界的影响想象成两者撞击后产生的巨大光斑，它渐渐覆盖了地球上诸多国家的天空，至今影响着当下世界的商贸与文化格局。

正如洋流的冷热交汇处有渔场，来自各方的民族在丝绸之路的一个个连接点聚集，迥异的行为习惯与价值信仰层层叠叠地嵌套着。商队将合流后的文化延续到下一个站点，一座座伟大的城市在蜿蜒不绝的道路上破土而出——敦煌提供异域文明落脚的场地、泉州调度繁忙的海上贸易、中东腾挪东方瓷器与西方金币、亚历山大港转达远道而来的消息……

作为连接东西的商贸文化交流之路，丝绸之路并非古老的梦境与宏伟的孤寂之所，在岁月沉淀中，人类文明通过它产生的交汇碰撞痕迹，多如大漠中的沙砾。它们并没有随着时间的流逝而消失，而是依旧深藏在现代人的生活和经济活动中，默默地影响着、塑造着沿途国家的人民的思维和行为模式。

本书的两位作者沿着前人脚步的印痕，从中国出发，穿越亚欧，重访古代陆上丝绸之路、海上丝绸之路与现代"一带一路"上的城镇。他们的目光落在细致、温暖的点滴之处，用笔墨与相机，让不同文明与现代文化背后纤毫毕现的联系落于纸上。细腻的文字与影像，让我不禁畅想着他们在路上遇到的一切，翻开书的那一刻，书与路不分你我、融为一体。

正如两位作者在自序中描述的那样，"最令我难忘的是生活在每座城市中的人""诞生于多元文化碰撞中的生活之歌，穿越时光长河，在现代世界的舞台上依旧激荡着生命的热情"……从这个视角出发，去解读丝路古道上不同国家与民族行为模式之间的联系性、商贸的共通性、文化的包容性，必能帮助读者更好地理解"路"对人类的影响。

这是一本有趣、有识、有料的好书，愿它能陪伴你度过一段无比快乐的时光。

原文化部副部长　郑欣淼

自序 一

在旅途中，我常会主动给自己一段放空的时光，坐在城市的某个角落，观察并思考传统文化与新兴生活方式如何在此地交融并焕发新的光芒。比如，在马六甲，华人文化、南洋风情、印度美食得到了完美融合，仿佛它们天生如此；阿拉木图的空气中有温暖的香气，这香气饱含俄式美学的余韵与游牧民族的豪情；喀什的巷弄中，快乐的孩子肆意奔跑，两侧多层拱门上的龛形纹似能缀作充满魔力的飞毯，仿佛人们乘着它便能抵达撒马尔罕、大马士革、伊斯坦布尔，甚至巴格达，帖木儿帝国和奥斯曼帝国的古老传说变得不再遥远……

略微了解每座城市的历史，便能知道这份独特气质来自人类文明的流动。

当我把这些带给我感动与惊喜的城市一个个在世界地图中点亮，惊喜地发现它们都与丝绸之路密不可分。老城的历史传奇与当下、古老与活力汇集，迸发令人无法抗拒的吸引力——对我招着手，呼唤我走近，再走近。于是，行走并书写丝绸之路沿线老城的故事，成为我决心要去做的事情。

很幸运，这一次，我有着志同道合的同伴——Chalffy（作者陈跃飞的英文名），我们决定以各自的视角去询叩丝路。

我们的笔触在敦煌与泉州相聚，它们分别是中国陆上丝绸之路与海上丝绸之路的重要组成部分。鸣沙山的金沙与林銮渡的碧波，以雄浑激昂的姿态守候在漫长曲折的商路上，见证着一扇扇与世界交流的门被推开。从自敦煌出发到相聚于泉州的这段时日，我们分别背着行囊，去探索世界范围内被丝绸之路深深影响的其他地域。除了中国，我的脚步踏过哈萨克斯坦、马来西亚，Chalffy则游历了卡塔尔、荷兰和埃及。

旅途很长，许多城市本身便是浩瀚的文明宝库，我必须竭力让自己保持客观与平静，才能细细感受经过时光酝酿的厚重底蕴。

走得越久，我越发现，最令我难忘的是生活在不同城市中的人。他们的故事与情感都太迷人了。丝绸之路留下的人类文化遗产固然伟大，但通过这个契机，人们打破空间壁垒，互相走近并拥抱，那份延续至今的缘分才是最大的财富！

黄元琪

自序　二

2015 年，我在北京举办了自己的首场个人摄影展——《沉默中的声音》，展出的作品是各国音乐人在台前幕后忙碌时的黑白纪实照片。这些音乐人肤色各异，语言多样，来自天南海北，有着千差万别的文化背景，但他们演唱的都是世界民族音乐。他们弹奏的乐器有来自南欧的曼陀林、来自中东的乌德琴、来自中亚的桑图尔……但在悠扬婉转的弦音中，展现的都是故土的生活、信仰和爱。

黑白画面，沉默无声，但这些诞生在多元文化碰撞中的生活之歌穿越时光长河，在现代世界的舞台上依旧激荡着生命的热情。

在无声中，似乎有更热烈的回响。

当我多年后重新翻阅这组作品时，我突然意识到，当这些歌手和音乐脱离舞台环境，其在现实生活中的轨迹几乎可以在地图上勾勒出一条绵延的传奇之路。从东往西，从内陆到海湾，这条传奇之路与古丝绸之路极为吻合。

照片中那些私人和微妙的情绪，逐渐唤醒我内心更为宏大的一个情感诉求：去探寻古丝路沿途的人和城，一睹它们今世的容颜。

我在本书中描写的部分地区或许并非当下丝路研究的主流对象，但都有史诗般的过往和浪漫的当下。阿姆斯特丹人曾扬帆世界，如今自由地生活在古老的运河边；多哈人守望着海中的珍珠，在沙漠里养育绽放的玫瑰；亚历山大港沉默的海湾中，人们在用学识传承先辈的世界主义；泉州人在拼搏；敦煌依旧璀璨……这些我曾目睹、经历、感受到的一切，在回忆和重访中，似音乐鸣于耳畔。

　　在当下的记录和创作中，我能越来越清晰地看到丝路沿途的包容与自由、开放和自信，它们根植于古人对世界的好奇和在东西方交流过程中沿途撒下的浪漫主义种子。古丝绸之路上的故事，并非我过往的经历，却是我所渴望拥有的人生。面对这个庞大的观察对象，我讲述的虽然只是城市中的人、历史、文化和生活的冰山一角，但立足点是唤醒它们背后的情感需求。若在阅读过程中，我的只言片语能够激起你对丝路历史的神往、对远方的渴望、对个人过往经历的些许重温，那么，这共鸣或许就是古丝路在当下的新生命——在无声的沉默中，在沙与海的彼岸，人类的故事和情感总是互相联结的。无论古今，我们永远是这个广袤又美丽的世界的一部分。

　　希望你能有一段愉快的旅程。

Chalffy

目 录
CONTENTS

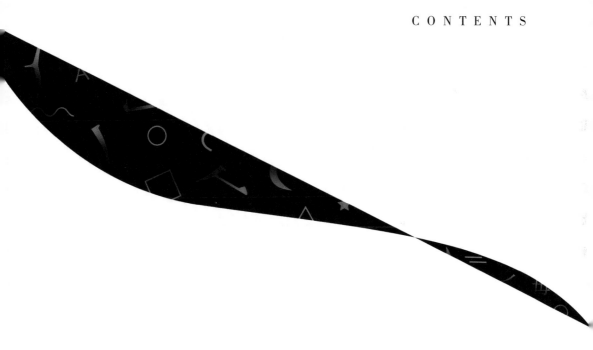

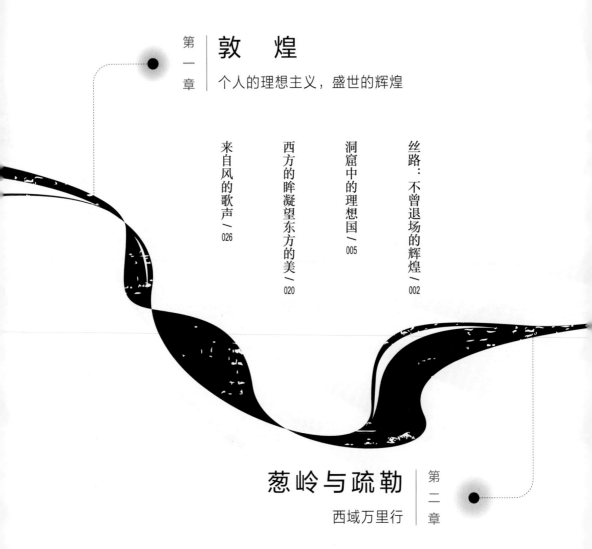

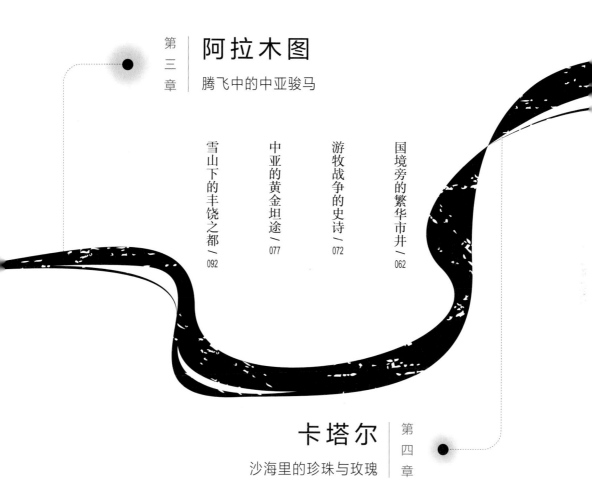

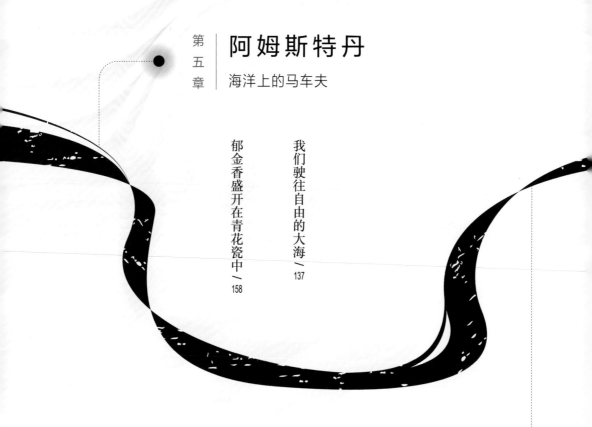

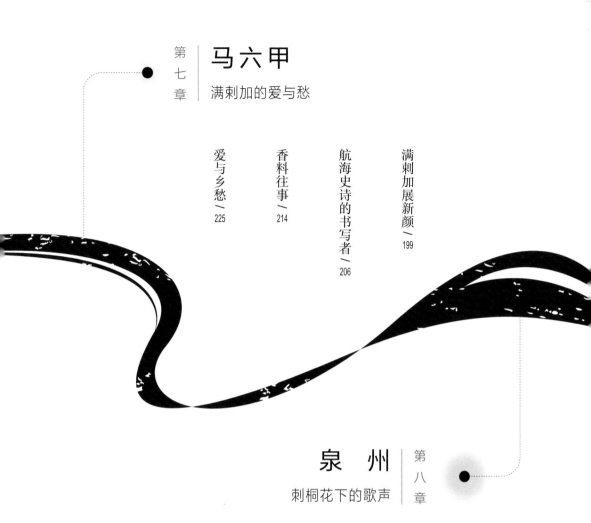

敦　煌

第一章

个人的理想主义，
盛世的辉煌

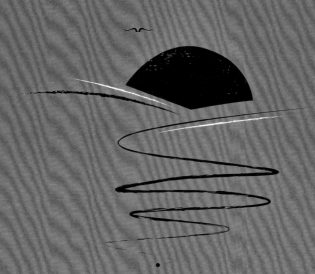

丝路：不曾退场的辉煌

自西安到敦煌，需要在几个城市间辗转停留。我一次次在月台上等待前往下一站的列车，等它带我从人烟辐辏的城镇前往风沙漫漫的陇原。

进入河西走廊，距离丝绸之路越来越近，那里曾留下金戈铁马的痕迹、羌笛悠悠的余韵与千年烽燧的残址。晴朗炎热的夏日，日头很长，太阳悬停，绽放着耀眼的光芒。终年不化的雪沉甸甸地伏在冈峦延袤的祁连之巅，宛若千年丝路不曾退场的辉煌。

这便是河西走廊。在邈远的年代，它的两端蕴藏着中原与西域各自厚重的历史与璀璨的文明，然而，连接两端的通道如此狭窄，狭窄到常年除了掠夺与保卫战，就只剩下几不可见的民间商贾往来。西汉的张骞手持竹杖走险途，被困十余年仍秉持汉节，最终凭借非凡的毅力出使西域。这一壮举如同汽车行驶出了漫长的隧道，迎着光，带着文明的信号，遇见与连接了与中原文化截然不同的新文化。

我在武威下车，暖热又干燥的风扑面而来。一代又一代的行者路过丝绸之路后才发现远方的美是如此浪漫与宏大，我也不例外。眼前的它，平沙莽莽，瓜果飘香，遍地牛羊，牧歌悠长。漫长的旅程中，"河西四郡"是故事的开端，每一站地名的背后都暗藏着两千年前汉帝国的赫赫荣光。既然来了，何不听一曲塞外的胡笳，饮一口酒泉的泉水，看一眼张掖的丹霞？

一部凉州史，半部在武威。孤烟直，落日圆，葡萄美酒伴明月。时间的褶皱里隐藏了诸多军人的戎马生涯，正因为有他们，才有了盛世中百姓的安康。

列车沿着绵亘曲折的铁轨往前行驶，在祁连山与荒漠戈壁的缝隙中，蜿蜒的黑河之水从冰川上倾泻而下，孕育了一片肥沃土地。风起云涌的岁月里，西汉在此设郡，意为"张国臂掖，以通西域"。色如渥丹，灿若明霞的丹霞地貌像极了来自长安的锦绣华裳，聊以缓解前线战士的思乡之苦。

再往前走，便是酒泉，年轻将军的身影在我眼前浮现。霍去病击匈奴，保江山，封狼居胥，饮马瀚海。当烽燧燃起的狼烟渐渐消散，他将庆祝大胜的酒水倒入城内泉水中，与全军将士共饮。这场血光后的畅饮分享，是汉朝名将心中的格局与天下；这些振奋人心的传说，在中国历史的长河里意义深远。

然而，我不能在武威、张掖与酒泉这3杯用时光酝酿的烈酒中醉太久，因为此次在河西走廊询叩丝路，我的终点是敦煌。

洞窟中的理想国

日落将至，终于抵达梦中的敦煌。微风掠过鸣沙山，细软的沙砾贴着沙丘扬起，遮盖了敦煌城的白昼光辉，让若隐若现的敦煌城仿佛是行旅大漠时出现的海市蜃楼。此时，日光正慢慢消逝在三危山间，对岸的崖壁上，无数个洞窟宛如黑眸，它们在沉默地注视着敦煌的当下。

莫高石窟群的诞生，要感谢乐僔僧人与三危山上恢宏晚霞的相遇。傍晚时分，金光闪烁的夕阳如耀眼的火焰燃烧在山顶，五彩的霞光内有影影绰绰的佛祖身影。乐僔见到这番天色时的情绪我们已不得而知，但他当即决定在漠高山（又名鸣沙山）上筑窟造像的举动反映了他当时的感动。

漠高山崖上的第一座石窟引领了后人的信仰和祈愿。因为众生平等的佛学理念可为饱经动乱的百姓带来一丝慰藉，开凿佛窟持续了几百年。鸣沙山山麓的悬崖上百年来响着不绝于缕的开凿声，一个个洞窟是艺术的载体，也是文明的印记，伴随着敦煌从辉煌到动荡。哪怕在岁月长河中直面了侵略者的屠杀与一次次灭佛运动，它们依旧坚韧又顽强，像被雪压弯却不折断的翠竹，任由风沙掩去洞窟的大门，等待与世人相逢的那天。守护着它们的，只有戈壁滩上的红柳与七里香。

畅想着熙攘喧嚣的过往，环顾四周，鸽灰色的天空吞噬了敦煌的所有色彩，目之所及，尽是灰暗。在我视野的东方，地平线上一处明亮的光点逐渐暗淡——那是通往玉门关的途中，戈壁滩上的一座光热发电站。在白日，高达 260 米的吸热塔在阳光中熠熠生辉，如同星辰闪耀。对于敦煌人，它是生活的动力来源；对于从西方来的旅人，它如黑夜中茫茫大海里的灯塔，用极为夸张和热烈的光亮呐喊着："敦煌就在前方。"

千年来，敦煌安稳地坐落在所有人想象中的丝绸之路的最高点。

它是一首绝唱：中原、西域、南亚、地中海的旋律从四面八方而来，和谐交融，奏响恢宏篇章。

它是一条古道：丝绸西运，佛教东传，万国胡商的驼队与车辙沿着丝路纷至沓来。

它是一幅壁画：画师将浩瀚佛国隐匿在戈壁上的幽暗洞穴中，等待再见天日时揭开千年幽梦。

它是一座城郭：不同种族的人在城中相遇与熟稔，游牧民族的逐草而生与农耕民族的春耕秋收在此互通有无。

......

它是一双慈悲的眼眸，看尽了鲜血和杀伐；也是一抹永恒的微笑，安抚受伤的心灵。

而此刻，一切都如此安静和苍茫，只有大漠和戈壁滩，以及呼啸而过的风。眼前的敦煌，化为了一连串简单的地理符号。但是，如果我们把连接敦煌和玉门关的柏油公路视为一盘录影带，你会惊讶地发现，这片如今几乎荒芜的大地曾记录了如此多的梦想、激情、欲望和狂欢。东西方的平凡人踏上古陆上丝绸之路，在敦煌的土地上，用自己的理想主义，构筑了一段如此热烈的盛世。

夜幕如墨，关于敦煌，种种传奇在我脑海中掠过。它拥有过多少光辉岁月，便经历过多少苦难磨砺。远古时，三苗人战败后西迁至这片土地定居，后裔羌戎族群以游牧的方式繁衍生息。春秋，同为游牧民族的月氏崛起，成为敦煌地区的主要居民。战国末期，月氏逐渐发展壮大，建立了月氏国。几番厮杀后，他们让生活在河西走廊的另一个族群乌孙人低下了骄傲的头颅，被迫集体向西迁徙。时光不停，战争未歇，匈奴阴狠果断的冒顿单于为了侵占河西走廊这块连接汉、匈、西域的咽喉要道，对月氏人发起了灭国战争。

大汉帝国的著名外交家张骞正是为了劝服月氏共同抵御匈奴，开启了伟大的西域之行。虽然联合月氏的目的没达成，但他的探险之行与汉军平定河西走廊的举动为这里的格局带来了翻天覆地的变化。大汉与西域诸国频繁的经济往来和军事合作就此开启。

吹过敦煌的风沙如今已经掩埋了商旅的足迹，然而，丝路的辉煌并不全在地表，亦非仅限于当下的想象。敦煌生活曾经的万丈光芒，幻化成了画家笔端的盛景。寻觅这些光彩，需要步入黑暗和寂寥。它们沉默于敦煌的石窟内，风沙弥漫，岁月不居。

莫高窟离敦煌市区最近，它是我石窟探寻的第一站。车队逐渐接近莫高窟，我们行驶在三危山和鸣沙山之间深广的河床上。东岸是连绵起伏的沙丘，西岸的峭壁高耸如削，莫高窟便伫立在这峭壁之上。几百个洞窟镶嵌在崖壁之间，远眺如一个巨大的蜂巢，酿造着古代人类文明交融史上的香甜琼浆。尽管只位于城郊，前往莫高窟的路途也足以让我震撼，惊叹于在峰谷纵横的荒漠中，人类的好奇心和虔诚能创造何等伟大的文明。

研究员小胡是我此次莫高窟之行的导游。他 30 岁出头，身材修长，有着一副清秀的面容。他专精佛学研究，曾在中国香港攻读博士学位，毕业后，他义无反顾地来到风沙漫天的西北荒漠，钻入漆黑的敦煌洞窟，每日持一个小小的手电筒，徜徉在佛国世界的纷繁多彩中。

小胡很年轻，但对莫高窟的参观路线规划十分熟悉，选择的每个洞窟都非常精彩。壁画和佛像被封闭在窟门后，沉寂于黑暗之中，仿佛在舞台后静待登场的演员。随着我们推开窟门，光线进入洞窟，黑暗中星星点点的色彩随着脚步前行而展现，一场充满异域风情的壮丽戏剧由此拉开帷幕。

随着小胡的引导，我沿着崖壁走上一段蜿蜒的木梯，来到莫高窟南区的中层，这里有大量初唐时期开凿的洞窟。"你绝对会喜欢这里。"小胡在我身旁反复提及过该洞窟。他轻轻地推开木门，明亮的日光瞬间倾泻在了黑暗中的壁画上。

手电筒的微光与日光交相辉映，如同电影放映机的光芒投射在了窟内的北壁上。我眯着眼睛细细瞧去，壁画中莲花盛开，碧波荡漾。佛陀和观音的旁边，宫殿耸立，水榭回廊，鲜花与祥云环绕着天神。地面铺满珍珠、玛瑙、金、银、琉璃和各色宝石，珍奇异兽穿梭其间，追逐着天神抛撒的鲜花。花池前的玉柱歌台上，众乐伎正在载歌载舞，手中的乐器充满异域风情。伴随着高昂激荡的乐曲，两位舞者正腾空起舞，他们挥摆手中的丝绸长巾，歌舞盛景翩然上演。

小胡介绍道，这是莫高窟第 220 窟北壁的《阿弥陀经变》，是初唐洞窟中最富有代表性的石窟之一。

"和我们刚才参观的 5 个洞窟比起来，这里看起来似乎更加明朗，画面也更为生动？"我疑惑地问道。

"战乱中的自危和祈求平安是老百姓自魏晋南北朝以来面对佛教艺术发展的心理主线。百姓前来洞窟礼佛，往往心怀敬畏。在隋唐时期，社会风气开放、自由，都市商业经济繁荣，丝路上的中西交往甚为密切，人们富足且快乐，精神状态自然会轻松，从而影响洞窟风格逐渐变化。"

"尤其是在盛唐。"

"没错，盛唐时期，胡风盛行。"小胡双手张开，仿佛在比画唐朝人的开放胸怀，"在敦煌，朝代的更替、民俗的演变，以及中外贸易带来的审美特征和时代精神，都在悄悄地改变着敦煌石窟中的佛教艺术表达。"

我不禁感叹："艺术，果真是人类最原始的情感表达方式。"

小胡点点头，继续说道："莫高窟艺术的兴衰与敦煌在丝路中的命运紧密相连。创作于不同朝代的石窟艺术，往往是当朝人生活和精神面貌的再现。"

眼前的洞窟，没有任何阻挡视线的塔柱和佛坛，是我参观过的几个洞窟中最敞亮的。现实生活的光芒照进洞窟，正面迎接阳光和访客，这不正是隋唐时期的时代面貌吗？我心中，方才在北魏时期洞窟中所见到的中心塔柱在逐渐消失，开始让位给隋唐的中心佛坛。由于光线和明亮度的改变，曾被神化的佛教艺术此时看上去更为亲近和生活化，我想这无疑更成功地推动了佛教的传播。

从小胡开门的那一刹那，整个洞窟大方地敞开胸怀，在我眼前，一览无余。面对来自欧亚大陆的访客和文化，唐朝的先人们自信相迎，广纳百川，用开放宽广的胸襟容纳着不同文化的交融与碰撞，才得以孕育出独特、骄傲和风情各异的艺术。

我看向南北两壁，发现佛龛被移至正中央，留下两侧完整的墙面。所有的佛像都被摆放在正对入口的西方，仿佛是古人对佛陀所居之地的想象。

一踏入洞窟，几座佛像仿若朝我扑面而来，给我一种压倒性气势。它们庄严又慈悲，凝视着时光的流转。中央的佛陀微笑着静坐，宛如明灯，照亮众生的智慧与祈愿；两侧的菩萨庄严稳重又慈眉善目，丝绸缎柔顺地贴合在肌肤上，体态丰盈且健康。

小胡指引我看向北壁所绘的东方药师经变画。画中有一张张西域面孔，有胡人的舞姿和乐器，有人物身后的亭台楼榭，有瓷碗里的葡萄和石榴……花开四季，珠宝遍地。流畅自然的笔触和画面，表现的哪是单纯的天国想象啊，分明是隋唐时期人们的日常所见与所闻。

在大隋完成统一前，五胡十六国时期的战火让百姓流离失所，生存在汉土的民众在风雨飘摇中将生存地指向敦煌这块世外净土，于是，汉文明的迁徙与农耕技术的传播开始了。除了跋山涉水而来的汉民，还有许多民族在敦煌安居乐业，繁衍后代。月氏的后裔粟特人被誉为丝绸之路上最会做生意的族群，他们控制了丝路贸易的命脉，商业范畴包括丝绸、珠宝、牲畜、奴隶等。除了财富，他们还为唐朝长安的审美吹去了时尚的"胡风"，这股风尚转化成曹衣出水的绘画风格、运拨若风雨的琵琶技，以及旋转如风、足不离毯的胡旋舞……

画中的舞者头戴宝盔，身穿飘逸的荷叶卷边广口裙裤，站在圆形的毡毯上，屈腿扭身，挥臂起舞。在疾旋的舞步中，发饰、丝巾飘飞在半空，发辫如云散落，犹如元稹描述的胡旋女舞蹈："骊珠迸珥逐飞星，虹晕轻巾掣流电。"

丝路鼎盛，人们在现实的生活中面对纷繁的风土人情，情感和审美也发生了巨变。生活在太平盛世，恐惧只剩下死亡与来生。画师纷纷将生活中最能代表快乐和美的元素，赋予想象中的天国。

敦煌的佛教艺术在这一时期几乎脱离了宗教的神性，充满了饱含现实情感的人情味。这是世界几大古文明在敦煌激烈碰撞后对现实的表达和记录——表达的是普通人对生活的热爱，记录的是中西友好交流所能创造的文明高度。

我的目光转向东壁，甬道上方及两侧绘有满墙的《维摩诘经变》。维摩诘神思飞扬，他身姿微微右倾，左手紧握麈尾，一副宁静安详之态，但目光炯炯有神。他两眼直视前方，嘴唇轻启，仿佛在诵读佛法。在他端坐的帐下，站立着异域打扮的各国王子。

这是唐代中国对外国文化的包容与汲取，是各民族间通过丝路和睦相处、互通有无的画面。

最令我震撼的一点是，这些画中人物的神态看上去非常自然、亲切。即使只占据画面一角，画师也不遗余力地刻画着人物服饰的端庄与华贵。王子们身姿挺拔，庄重肃穆，普通人则文质彬彬。人物绘画摆脱了宗教的神秘色彩，转向写实主义。在社会活力空前充沛的隋唐时期，和社会中的大多数人一样，画师对生命有着真实和真挚的表现欲。这种情感表现在艺术中，人物形象就会热情饱满、浪漫多情。

即使在千年以后，当我站在这些壁画和人物前，仿佛依旧能听到人们友好交谈的声音，看见人们在一举一动中对优雅和美丽的追求，感受到在中西交往最繁荣的年代，普通人对生命的热爱，以及对内心的关注与探寻。

在荷兰商船为本国带来巨大财富时，荷兰艺术家所追求的个人主义，也让荷兰绘画达到了登峰造极的程度。

对外来文化和自我内心保持好奇与兴奋，是敦煌和丝路沿线城镇走入盛世的开门锁。

诞生于中西交往过程中的敦煌佛教艺术，随着丝路的延伸在不断地融汇与自我成长。从追求苦难的解脱到寻求快乐，从宗教神秘的意蕴到日常生活的幸福感受，从对佛的敬仰到对内心的洞察，从阴暗到明朗……丝路的商品贸易变成了更重要的文化交流和精神、情感碰撞，创造了光耀古今的敦煌艺术瑰宝。

踏出洞窟后，我和小胡默然相对，这是一种在感受了极大的精神满足后的沉静。

身后的石窟重新归于黑暗，我眼前是河谷中璀璨的日光。微风吹过桦树林，发出沙沙声，树叶低语，似先人们的智慧叮咛："保持自信和开放的心怀，在交流与融合中，文化会焕发更长足的生命力。"

"想体验古代画师的工作流程吗？"小胡问我。

"当然！"我一脸兴奋。

在小胡的引领下，我驱车来到莫高窟附近一片荒凉平坦的沙地，这里有一座形似堡垒的新建筑。沙山为靠，胡杨为伴，建筑在荒芜中拔地而起，远望，像极了荒漠中的金字塔——这是敦煌新建的旅游集散中心，为来到大漠的访客提供咨询、休憩和餐饮之处，就像曾经在敦煌城外的丝路沿线为商队和使者提供服务的驿站。

"今天，我们要临摹《九色鹿经图》。"授课的非遗老师手握一张绘有鹿本生图的卡纸，给我们讲其中的故事。《九色鹿经图》是敦煌北魏洞窟中的壁画经典之作，绚丽多彩的颜色和纤细巧妙的笔触再现了"鹿王本生"的故事——《佛说九色鹿经》中最被大家所熟知的故事。故事中，九色鹿在恒河中救起溺水者后，要求他保守秘密，莫向他人提起它。豪华的王宫中，王后梦见九色鹿，向天下悬赏猎杀，求其皮毛。重金诱惑之下，溺水者向国王透露了秘密，并带路寻找九色鹿。再次相遇时，九色鹿流下悲愤的眼泪，并用人语向国王述说了一切。被感动的国王下令任何人都不能再接近九色鹿，而那位背弃誓言的溺水者，为贪婪付出了代价。与敦煌石窟中的其他佛教绘画相比，这个熟悉的寓言故事更容易让人们亲近艺术。对于博大精深的敦煌绘画而言，《九色鹿经图》是绝佳的入门临摹作品。

为了更加贴近敦煌画师的工作环境，我们的临摹需要在泥板上进行。制作泥板的土是敦煌当地的澄板土，当敦煌的河水与山洪冲刷至下游的低洼处时，便会沉淀出这种杂质极少、颗粒细小的沉积土。这种土的土质与敦煌壁画的基底材质完全相同，能让我们感受最接近画师笔端的触感。我手中的这块边长约15厘米的正方形泥板由老师提前备好，因为从取材、混泥、风干到磨平，整个过程需要十多天的时间。可以想象，在鼎盛时期的隋唐石窟中，画师们在巨大且平整的墙面上进行创作之前，需要花两三个月的时间制作"壁画地仗"——在施展艺术创意之前，是枯燥、重复的体力劳动。如果没有对艺术、佛教和生活的激情，谁能在黑暗中坚持这份清寂呢？

根据《九色鹿经图》的内容，我先在泥板上划分创作区域，并用毛笔蘸取土红色的颜料进行勾勒。泥板的质地和触感与纸张截然不同，笔尖似乎完全不听从我的指挥。即使是一个简单的圆圈，也需要反复勾勒和修改才能令我满意，更不用说更为复杂的线条和结构了。勾画出整体的轮廓后是上色的阶段，画面中有诸多繁密的细节，每个细小的局部都只占据指甲盖大小的面积，执笔的人需要保持足够的专注，执笔的手需要保持绝对的平衡，才能避免颜料沾染相邻的区域。在上色过程中，整个教室一片寂静，只有毛笔与颜料盘碰撞发出的微弱声响。大家都小心翼翼，生怕一个闪失，会毁掉先前所有的努力。因为是临摹作品，老师已经为我们省略了多个绘画步骤。在古代敦煌壁画的创作过程中，除了勾勒和上色，画师们还需要在上色之后以墨线定形。那些经典的巨幅敦煌壁画，需要画师们在一道道严密、细致的工序中彼此默契地配合，方能绘制完成。

我们端坐数小时后，作品在小小的泥板上显得僵硬且扭曲。遥想古代的画师们，需要在狭小昏暗的洞窟中，一只手举着摇曳起伏的小油灯，另一只手在油灯映照下流畅地挥笔作画。要知道，壁画靠近地面部分的精彩和细致程度丝毫不逊于画面中央，而画师们绘制这部分时无法直立，只能斜躺或平卧，以极大的耐力和体力支撑自己，将每一笔画在泥墙上的方寸之间。精细的创作需要时间，一幅壁画的创作往往占据几个画师人生中近一半的时间。他们用洗练且生动的笔触、优美且潇洒的线条，以及丰富且鲜艳的色彩，表现盛世的精神和美好，值得崇敬。

在敦煌石窟中，绵延的壁画超过 1000 幅。无数艺术家将自己的艺术梦想寄托在这茫茫的大漠之中，他们一头扎进黑暗的洞窟，伴随着风声和狼嚎，创作出内心的理想国。然而，他们是谁？他们从何而来？他们的人生故事又是怎样的？

他们的一生深藏于历史的尘埃中，无人知晓。

敦煌石窟中，目前能够考证的留有姓名的画师仅有 10 位，绝大部分画师就好像从未存在于这个世界中。但这条连接东西文化交流的道路，那些过往不复的异域之音，被鲜活地记录在了无名艺术家的创作中。他们的一生或许贫寒，孤寂是他们的常态，历史也未曾厚待他们。然而，他们在沉默的黑暗中创作出的盛世辉煌，会世世代代地激发人们对于美和想象力的追求。

临摹画师们的作品，让我们在实践中铭记了这些平凡个体的理想。

画师无名，众多风尘仆仆地在丝路上往返的商贾、使者也无名。历史的注脚，是否该为他们添一笔？

西方的眸凝望东方的美

次日，我去往敦煌西南方向的瓜州，走进另一座艺术圣殿。在远处党河潺潺的流水声中，前方是沉默的榆林窟。与莫高窟一样，榆林窟艺术也是丝绸之路与敦煌艺术孕育出的瑰宝。

连接莫高窟和瓜州榆林窟的是无垠的戈壁滩。砂石和黄褐色的丘陵延绵到天际，更远的地方有几株红柳，苍鹰飞过，寂寥一片。车行至此，窗外一成不变的景致持续了近两个小时，这是古丝路上的商队和僧侣再熟悉不过的单调与疲劳。古道牛车，艰苦的路途唤起旅人对前路的畅想。因为有想象，才衍生了浪漫。这条在古今中外被赋予了极度浪漫主义色彩的交流之路，自身充满千难万阻。

参观洞窟的小型团队中，有一位来自欧洲的艺术生，我有点意外，他为何不远千里来到敦煌地区？

艺术生叫 Ben，一头褐色的卷发下，蔚蓝色的眼眸中充满了对即将打开的洞窟的向往。他按照参观规定将相机收进包裹后，解答了我的疑问："在绘画领域，色彩搭配是很讲究的，我一直对自己的色彩把控能力不满意，常常陷入焦虑的情绪。位于巴黎市中心的吉美博物馆是唯一对我有用的'心理理疗师'，展厅内遍布来自亚洲的佛像和菩萨雕塑，每座雕塑都蕴藏着巨大的能量。特别是一尊来自中国的北魏菩萨像，他的眼神温柔，嘴角微扬，神情安详，仿佛是旭日中缓缓升起的莲花。我常常静坐在这尊北魏菩萨像面前，任凭那抹来自东方的慈悲微笑熨烫我被压力揉皱的心。

"心情好一些后，我会去逛其他展厅。看到敦煌壁画时，我脑海中升起太多问号。它们的色彩为何能保持千年？哪怕时间将描绘皮肤的铅丹色褪成黑色，也一点都不突兀，反而更添古朴浑厚的观感。博物馆的研究员告诉我，绘制敦煌壁画使用的颜料大多数是从矿物中提炼的，少许从植物中获得，自然的便是永恒的。而且，每一种色彩背后都有中国文学支撑，'白'如少女凝脂般的莹白肤色，'红'如朱砂……这些色彩在诗歌中经常被运用，与文化相通，自然经得起不同时期审美的考验。这些壁画跨过时间与空间，从东方远道而来，启发着我。于是，我决定利用暑假飞来敦煌，寻找与我相隔千年的艺术导师。"

我了然颔首。闲聊中，榆林窟的研究员招呼我们跟随她进入洞窟。

洞窟里幽暗且干燥，每当研究员小心翼翼地开锁、打开洞门，一道光便从我们的身后穿过，照亮正前方的佛龛或泥塑——我喜欢这样的仪式感，它让我更加珍惜每次在洞窟中的时光。洞窟内不允许拍照，参观的时间也很有限。一开始，我恨不得把目光所及的每个细节都雕刻在脑子中，但渐渐地，我开始享受观摩的过程，让目光聚焦在最能吸引我的地方。

第 15 窟壁画上，北侧的飞天乐伎便是那个让我移不开眼的存在。乐伎轻轻地飘在空中，翩若惊鸿，神情悠然，发带与披帛末端高高飘起，仿佛被清风吻起温柔的弧度。乐伎手执凤头箜篌，带有圆形弧度的箜篌与飘荡着的丝帛形成柔美的呼应，让观者感觉进入了飞舞彩云间的浪漫境界。

我轻声与 Ben 交换感受，他沉吟半刻后说："对大多数人来说，欣赏身姿曼妙的飞天是感受敦煌艺术的启蒙老师。凝视着眼前的飞天，我感受到了欢乐与自由。在西方艺术中，飞翔中的天使离不开一双洁白且巨大的翅膀，这是艺术家对飞行的想象。然而在东方，画师用纷落的花雨、流动的云、飘荡的丝带、手臂与腰肢的曲线来表现天国中的飞天，它脱离了真实的形态，将空灵的想象付诸艺术，这种虚像是如此隐秘又具有神性，我忽然有些理解了，为何这份美饱含神秘与高雅。"

另一个给予我们极大震撼的洞窟是榆林窟第 2 窟。西臂门南北两侧各有一幅水月观音图。图中观音早已从世间所有的束缚中解脱，悠然坐在水边的岩石上，望着远方，神情缥缈，充满遐思。看到他们，我的脚步与呼吸会不由自主地放缓、放轻，生怕打扰分毫。

壁画上用青金石染就的蓝色是如此光彩灼灼，反射在每个人的眼眸中，蓝得纯粹、浓郁、浪漫、梦幻。散乱的点点金屑从底色中脱颖而出，它超越了我审美的认知极限，早就不再是一抹颜色，而是大漠中的星辰。

Ben喃喃自语："这两幅壁画值得被所有艺术爱好者仰慕！"

片刻后，Ben情不自禁地问研究员："是哪位画师画出这么伟大的作品？"

"无名。不止榆林窟，几乎所有敦煌洞窟内的壁画和雕塑，我们都很难知晓它们的作者是谁。"仿佛听过很多次这个问题，研究员的语气已经是一片平静。

"太遗憾了！他们的名字应该被记录，并编进教科书让大家记住！"Ben表示，在他受到的西方艺术教育中，老师从启蒙开始便引导他找到自己的风格与方向，并强调他的作品与名字要如同不蒙尘的明珠一般让所有人看到。所以，一想起被风沙埋没的无名画师，他便由衷地觉得可惜。

研究员点头，对众人说："我们现在能做的，就是尽最大的努力保护他们留下的作品。因为这不仅是中国的宝藏，也是全人类的艺术遗产！"

众人皆沉默，心中的掌声震耳欲聋。

来自风的歌声

告别榆林窟后，我驱车返回敦煌市。接近瓜州边界时，茫茫戈壁与地平线的交会处忽然出现了一抹明亮的白色，在炙烤大地的日光中闪耀夺目，有点像我在敦煌城外见到的那座吸热塔。随着我逐渐接近，白色的光点在我的视野中逐渐放大。起初，它只是热气中微小的一点亮光；接着，它展现为一个巨大的白色长方体；最后，长方体延展出高挑的屋檐和巍峨的塔楼：这是一座形体巨大的雕塑。

我停车，走近细看，巨大的塔楼下放置着一张毫不起眼的铭牌，上书"无界"。这悠久又虚幻的名字给人极大的想象空间，和周围苍茫辽阔的景致相得益彰。

雕塑耸立在荒凉的戈壁上，一个主殿，4座楼阙，几道城墙，通体皆是白色的钢管。城关是坐落在敦煌城外丝路沿线的有关"抵达"和"离别"的建筑，它可以是玉门关，可以是阳关，可以是任何一个沟通中西的大门。风沙已经吞噬了曾经矗立于此的城墙和驿站，这座白色的城关雕塑却崛起在荒野，雄迈、壮观，似乎在有意地彰显敦煌丝路古道的热闹与繁荣。与大多数大地艺术的制作不同的是，根据铭牌上的描述，《无界》是艺术家在沙漠中现场创作和搭建的，就像古人在荒芜之地用木头和泥砖建起城墙一样。明亮的钢管与焦黄的大漠、湛蓝的天空完美结合，造型和色彩简洁纯粹，正是我们如今行走沙漠丝路时最为熟悉的视觉呈现。《无界》的造型灵感既来自现实中的城门，又来自敦煌石窟经变画中最为常见的元素——楼阁。在隋唐时期的敦煌石窟中，佛国背景多由辉煌华丽的亭台楼阁组成。西方极乐世界本无形，画师们的一切审美经验和素材都源自现实生活。对于憧憬后世美好生活的古人而言，皇家宫殿就是他们心中的范本。

敦煌艺术，是理想的形象化。

站在巨大的雕塑下，我仿佛能感受到西域商人在烈日下的大漠中长途跋涉后，在远方的地平线处看见城镇如海市蜃楼一样闪现时的豁然开朗，以及看到敦煌终于在绿洲中闪着银光出现时的兴奋。敦煌，那个遥远的东方，承载着财富和新生。对于来自西方的他们来说，敦煌不再只是一个虚幻的名词，它就在脚下这条路的尽头，就在那闪着光的地方。

一阵微风吹过，扬起沙尘的瞬间，我似乎听到了乐曲的声响。

这茫茫大漠中，是谁在演奏？

我环顾四周，忽然发现在柏油路的另一侧，有近百根钢管如繁密的森林般矗立在砂砾地上。它们随风摇摆，互相撞击，不同的部位发出各异的声响：低沉的呜咽、激昂的高唱、雄浑的哼鸣……它们跌宕起伏，交织交错，犹如正在演奏一曲交响乐。我俯身寻找，依旧是在一张几乎贴于地面的铭牌上，看见了"演奏者"的名字——风语者。

瓜州常年多大风，古语："一年一场风，从春刮到冬。"《风语者》雕塑是对古丝路上早期访客的纪念。无相之风居无定所，急行来往在尘世，温柔又遒劲地雕琢着这个世界。日夜肆虐在敦煌城外的狂风，蚀刻出了被丝路古人称为"白龙堆"的雅丹地貌。凹凸起伏的白色土堆如游弋在沙海的白龙，吞噬着来往敦煌的西域商人的乐观和梦想，而轻柔地拂过党河榆林的微风，幻化成了敦煌石窟中的片片祥云，构成了云雾缭绕的世间山水、云霞飘逸的空中佛国。风是曾经居于敦煌的画师们所追逐、钟爱的缪斯，也是商旅驼队旅途中闻之色变的姑获鸟。

炽热的阳光下，钢管持续不断地相互碰撞，乐曲逐渐变得激昂。砂石卷起在空中，刮得脸生疼。我掩面躲避，但不管身体转向何方，都有四面的风包围缠绕，宛如在音乐厅里，音符从各个角落涌动而出，冲击着我的感官。这《风语者》雕塑的声音没了先前的温柔，只剩狂傲与强硬。如果这是西域商人们在漫长旅途中所熟知的声音，那究竟要拥有怎样顽强的意志和对东方世界的热爱，才能与这肆意的狂暴正面相迎？

此刻，我忽然想起了远在扎达尔海边的海风琴。扎达尔的居民每日注视着太阳落下的方向，感受海风吹拂耳畔。他们在海岸筑起巨大的钢筋水泥台阶，并在内部安装铜簧片，海风吹来，簧片随之婉转呜咽。海风不停，乐声不止，这是一曲完全由大海演奏的乐章。扎达尔临近威尼斯，它们同处于古丝绸之路的西端。若将敦煌视为告别东方前往西方的起点，那么，生活在敦煌与扎达尔这两个有着截然不同文化环境的地方的艺术家们，在面对熟悉且无尽的自然之风时，几乎在同一时刻将其变成了听得见的歌声。大漠与海洋，吹来的或许是同一阵风。这并非偶然，而是丝路文化千百年来留给沿路后人的艺术基因和浪漫想象。

身处大漠的敦煌人和心系海洋的扎达尔人，他们没有直接碰面，却在人类辉煌的探索之路两端齐声吟唱。站在这由钢管铸成的森林中，在那细腻、激昂的曲调里，我为之深深动容。

《风语者》和《无界》相邻而伴，在荒凉的大地上，为路过的人提供绝佳的视听享受。这不就是敦煌经变画中的场景在现实生活中的再现吗？巍峨的亭台楼榭旁，西域乐人击鼓拨琴，钢管的舞动似舞者曼妙的舞姿。抬头仰望天空，在风中快速行进的云朵正如与天神相伴的祥云。阳光中，我仿佛能看到在飞天女神身旁飘动的丝锦和她们撒下的朵朵花瓣。

千年前的生活被画师转化为天国的理想，而今，这理想又在敦煌复苏，成为我们可视可听的凡间场景。

敦煌的丝路，在苍茫的大漠中继续延伸。攀过崇岭，越过草原，是一片湛蓝的海洋。在那里，古老的砂石之路，将会蜕变为一条崭新的蓝色航道，永不止歇的海浪中，会隐隐约约激荡着文明的涟漪。

葱岭与疏勒

第二章

西域万里行

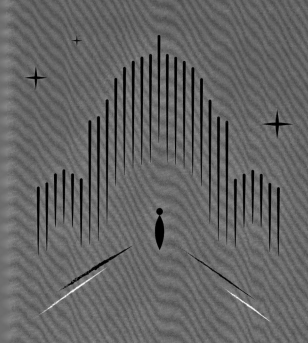

古疏勒国 | 市井繁阜的喀什噶尔

　　历史记载的那些西域明珠中，姑墨、楼兰、精绝、龟兹、车师……多少古国被时光的风沙无情吹散，而疏勒（现喀什地区）坚强地将沙尘织成面纱，遮住自己风情万种的脸庞。喀什古城作为古丝绸之路南北线大动脉的交会点，活成了光彩照人的不老女神。

　　漫长的丝路上不乏供商人休憩与交易的古城，每一座城镇都是将丝路连接起来的纽带。汉代时，疏勒便四通八达，东接玉门、敦煌，西临大月氏、大宛，北抵乌孙、康居。基于得天独厚的位置与丰富的物产种类，它历来是古丝绸之路上的咽喉，亦是中国与中亚、欧洲互通有无的商品集散地，有着"巴扎（集市）王国"的美誉。来自中原的丝帛锦缎、来自大月氏的细毡、来自安息国的香料、来自大宛国的千里马都在此流通，交易营利。《汉书》记载："自玉门、阳关出西域有两道。从鄯善傍南山北，波河西行至莎车，为南道。南道西逾葱岭，则出大月氏、安息。自车师前王廷随北山，波河西行至疏勒，为北道。北道西逾葱岭，则出大宛、康居、奄蔡焉。"

　　当今的西陲边城喀什依旧生气勃勃，商贾繁盛。当地人提起自己的城市，总是自豪地说："五口通八国，一路连欧亚。"

来到神秘又古老的喀什，我发现这里与所有慢节奏的城市一样，不乏闲适的老人，他们聚集在老茶馆中，或坐在地毯上聊天、喝茶，或拨弄热瓦甫来一场即兴音乐会。若将老人比作参天的胡杨，可喜的是胡杨脚下的土壤一直冒着新芽。

活泼的孩子们放学后奔跑在老城的巷弄里，攀爬在厚重的汉代城墙上。城墙虽为遗址，却并不寂寥，仿佛生来就是喀什孩子的游乐场。厚实高大的土色城墙稳稳矗立，一大片民居围绕着它修建，形成绵延不绝的画面。每一幢民居，都见证了一个家族的兴衰延续。

老百姓诚挚的笑容从城外蔓延到城中。城中心有艾提尕尔清真寺，鹅黄色的宣礼塔顶上镶嵌着一轮银色的弯月，在绚烂的朝霞中高高耸立，寺内绿色的廊柱庄重又神秘。与中原常见的城池不同，老城无轴线可循。老城以艾提尕尔清真寺为中心，向周围呈辐射状分散，形成大大小小密如蛛网的片区。片区内房屋稠密，街衢纵横，南疆地域文化浓郁得化不开。城市结构规划充分考虑了喀什地区的气候特征，辅以曲折复杂的街巷，形成较多的绿荫，更加适宜生活。迷宫式的窄小街道构成城市血管，它们蜿蜒延伸，旅人唯有步行才能丈量。

走在路上，身心经历着愉悦的建筑巡礼。老城里的房子是几大古文明交汇的产物之一。街道上的土色民居线条洗练，当地居民将干燥的胡杨木去枝后支撑房屋结构。百姓家的户外大门庄重、厚实，门上刻有花纹、图案，用金属护板压条。与土色墙面形成对比的是明艳的门帘，显示着主人的热情。房内精美的装饰让眼睛享受着美学的饕餮盛宴。院落里常栽种着巴旦木，它的叶蔓以艺术的形式攀爬在梁柱与拱门上，屋主就地取材为彩绘图案找寻灵感。

公共建筑大多外观精美复杂，墙面以纯手工制作的砖雕装饰为主，罗马立柱、波斯木刻、佛教莲花桩、印度石膏雕、俄罗斯彩窗等不同风格的建筑装饰随处可见。布满蔓藤纹的木窗，流畅的弧度优美得如胡西它尔的乐曲旋律。多层拱门上的龛形纹似能缀作充满魔力的飞毯，仿佛人们乘着它便能抵达撒马尔罕、大马士革、伊斯坦布尔，甚至巴格达，帖木儿帝国和奥斯曼帝国的古老传说变得不再遥远。

由于建筑的形貌与装饰美得让人看不过来，我们常常迷失在某条小路的万种风情中。有时实在绕不出去了，只能问门帘外的居民。一位戴着头巾，身着真丝长裙的大婶教我们："多看看脚下的砖。如果是六角砖，那么沿着这条路一定能走出去；如果是四角砖，则意味着这条路的尽头只会是墙壁。"果然，我依照她的方法找对了路，道路的尽头，一转弯便是人头攒动的巴扎。喀什城内最有活力的区域到了！

老城的巴扎从清晨一直热闹到深夜。张骞对喀什的印象是贸易繁忙，集市热闹。在张骞记录见闻的竹简上，刻着"王治疏勒城……有市列"，寥寥几个字说明巴扎历史与古城并存。阿热亚路两侧密布着集中售卖某种物品的小型巴扎，土陶器皿、英吉沙小刀、羊毛地毯……每个都充满异域风情。

一位正在吃馕的土陶巴扎老板告诉我，我现在站在老城曾经的裂缝上。传说中，喀什老城遭遇洪灾，在老城就要被淹没的一刹那，地面忽然裂开一道大缝，滔滔洪水从裂缝中流走，老城的人们因此得救，这条裂缝所在的地方就被称为"阿热亚"（深谷）。与他攀谈间，我的目光不由得被线条优美的土陶器皿吸引。喀什生产陶器历史悠久，如今仍有不少手工艺作坊。传统的土陶材料是本地高崖上的特殊泥土，黏性十足。匠人制作时先手工拉坯、翻模成型，再放进窑内低温烧制。除了原色土陶，他们也会烧制带釉面的彩陶。带釉彩陶正是古代丝绸之路畅通后，中原工匠传去西域的工艺之一。土陶老板每隔半个月烧一次窑，一次生产几百件之多。这次带来卖的陶器中，一只有着巨大肚子的陶罐我不曾见过。

"这是装什么用的？感觉能装下一只羊！"

"哈哈，这是用来盛酒的。"

我不由咂舌，喀什人真是好酒量。

我又随手拿起一只布满绿色釉面、细颈带耳的陶器，它曲线优美，一侧伸出壶嘴。我想起少时看过的电影，雪山下的少女先蹲下用它取甘洌的冰川水，再起身，头顶盛满水的陶器回家做饭。

正所谓"人习技巧，攻金镂玉，色色皆精"，中原人爱重西域工匠的手艺与审美，并借鉴创新，这是文化包容的表现。自古，中国的国际性大都市，比如敦煌、泉州、洛阳，都兼容了外来的思想与汉人的习惯。远道而来的物件在老百姓的手中，渐渐变成了垂荡在少女脸颊旁的耳环、每日睡的床榻……随着时光的沉淀，融入人们的日常生活。可见，传统文化是一条流淌的大河，会不断与支流交汇，澎湃汹涌地继续前行。

土陶老板告诉我，最原汁原味的巴扎会于每周日在喀什东门外举行。

到了周日，大清早，喀什东门外的老巴扎牛哞马嘶，热闹非凡。通往集市的街道种有胡杨树，尘土微扬，堵满了前来赶集的人。轰隆轰隆的拖拉机和踢踏踢踏的毛驴车把路挤得水泄不通，侧坐在板车上的健美姑娘哼着小调，盘算着今天要带哪些战利品回家。

到了巴扎最热闹的区域，我注意到一位头戴金边黑帽的白胡子老人，他精神矍铄，径直走到系着一群绵羊的摊铺前，伸手摸了摸其中一只羊的皮毛。摊铺老板并不与他多搭讪，只见两人对了眼神，便拉长各自的袖子盖住手，在袖筒内比画。随着袖筒的异动，能大概猜出双方的手在袖内做着一些特殊的手势。片刻后，老人摇摇头，抽出手来准备离开。显然，两人没谈拢。摊铺老板也不恼，走到后一排，又牵了一只羊过来。老人停下离开的脚步，转身细细摸了摸羊的皮毛，又不动声色地探了探羊肚子上的膘肉。两人又进行了一轮"袖中会谈"，这一次，老人笑得开怀，眼角的皱纹挤成一堆，心满意足地付钱后牵着肥羊离开。

巴扎另一处，果香扑鼻，一辆板车上堆满瓜果。慕士塔格峰的冰川雪水与长达 250 天的热烈阳光孕育了甜蜜鲜美的水果。受到雪水与阳光滋润的有和田葡萄、库尔勒雪梨、喀什鲜桃、阿图什无花果等。它们色泽鲜艳，任人挑选。我想起早在汉代，通商的驼队便将西域特有的西瓜、石榴、葡萄运回中原，供人一饱口福。

瓜果摊旁，美食铺子的叫卖声此起彼伏，空气中飘散着令人垂涎欲滴的香气。陶瓷缸内，鸽子汤咕噜咕噜地冒着热气。抓饭、酸奶、拉条子、羊杂碎、薄皮包子……总有一样能留住路人的脚步与胃。烤羊店的老板接了一单携家带口的大生意，从隔壁牛羊肉铺中直接买了刚刚处理好的一扇羊排，手脚利索地撒上孜然与辣椒，放在炉火上当场烤。炉火直勾勾地往上蹿，油滴落在炭火上的香气钻进每个路人的鼻子中。一家人吃开心了，便寻了一处空地，父亲拿起手柄上雕刻花纹的热瓦甫，姑娘敲打起手鼓，一位高眉深目的少年吟唱着：

我骑着马儿唱起歌

走过那伊犁

看见了美丽的阿瓦尔古丽

天涯海角

有谁能比得上你

哎呀，美丽的阿瓦尔古丽

勇敢的人儿踏破了天山

越过那戈壁

看见了美丽的阿瓦尔古丽

我要寻找的人儿就是你

哎呀，美丽的阿瓦尔古丽

少年将每一句歌词的音都发得很清晰，在演唱到"哎呀，美丽的阿瓦尔古丽"时逐步递进情绪，还伴随着转音与小颤音。一旁的炉火依旧燃烧得热烈，歌声里有着不尽的生命力，大家在围观与喝彩。

我欣赏完一家子的即兴表演，逛到卖传统真丝长裙的摊铺。女主人米开热木不过 20 岁出头，卷曲的褐色长发垂到肩膀，浓密的睫毛下是一双明艳灵动的眼眸。她见我有兴趣，拿起一条用艾德莱斯绸做的连衣裙给我看。精美的面料上，翠绿、宝蓝、桃红、金黄等颜色交织密布，对比强烈，它让我想起喀什博物馆展柜内的汉唐时期的丝绸，时隔千年，颜色还是那么艳丽多彩。

我挑了几件，没找到我的尺码。米开热木约我明日去她家在喀什老城干道上开的裁缝店看看，她的母亲与姐姐留在店内，能为客人量体裁衣。

次日，我应约来到米开热木家族经营了三代的服装店铺。年近六旬的制衣师远近闻名，是制作民族服饰的名家，她手中出品的金丝绣婚服做工精细，让新娘们甘愿提前半年预订。如今，小辈们参与店铺经营，儿子提议扩大业务范围，将丝绸之路上的传统服饰卖给当地乃至中亚的客人，大女儿也时常在店里帮忙。

步入店内，陈列着的精美华服让人爱不释手。

插着羽毛的尖顶丝绸花帽让我想起了身着"翠羽黄衫"的奇女子霍青桐，在金庸先生的笔下，"一个黄衫女郎骑了一匹青马，纵骑小跑，轻驰而过。那女郎秀美中透着一股英气，光彩照人，当真是丽若冬梅拥雪，露沾明珠……"

店内陈列的彩色丝线绣成的小皮靴与红亮油润的长衫一定适合单纯天真的香香公主，她短暂的生命绽放成了茫茫荒原上不朽的玫瑰花。

店里的主打商品是艾德莱斯绸长裙，这款深受喀什妇女喜爱的土产丝绸主要产于和田市、喀什市、莎车县等地，制作工艺与我国古老的扎经染色工艺类似。工匠按照衣服图案在经纱上扎结，进行分层染色、整经、织绸。由于是植物染色，花纹"清水出芙蓉，天然去雕饰"，毫不呆板，富有变化。此地妇女给它起了一个雅号——布谷鸟翅膀的花。裙摆摇曳，如同布谷鸟的翅膀轻轻扇动，带来和煦的春风。

"你们的衣服做得这么好，除了本地人，游客买的多吗？"我好奇地问米开热木的大哥。

"哈哈，有游客买，而且我们的客户远不止国人。每周，我都会带着一些吉尔吉斯斯坦、乌兹别克斯坦、阿富汗客户喜欢的高档民族服装去城东的中亚国际贸易中心卖，也会发快递到这些国家的客户手里。生意很好，赚的也多。"

哇！我可小看了喀什商人！早在宋代，喀什便是古代西域贸易最繁忙的城市。阿拉伯商人只知道西域有喀什噶尔（宋代喀什的称呼），不知其他城市的名字。如今的中亚国际贸易中心更是国际化的贸易市场，来自亚洲腹地的各国商人常在市场内进货与摆摊。两千多年来，喀什熬过了一段段艰难岁月，顽强地将商贾辐辏的风范延续至今，为共建当代的"一带一路"做着卓越的贡献。

离开老城前，我想致敬古时抵达过喀什的人：张骞、班超、玄奘、马可·波罗……这些远行者留下了一个个惊叹号，让千古绝唱永不失传，一如古穆纳木笔下的格则勒诗《喀什噶尔》。

爱的金泉苦难的波涛翻腾不息，
悲伤的泥土筑起了喀什噶尔的城墙。
喀什噶尔艳丽的佳人一旦秋波传情，
会使天下的美人顿时羞得无处躲藏。

丝路上的伟大行者

从喀什往西开，越野车行驶了一百多公里后，周边地貌发生了变化。我们离史书上的葱岭（如今名为帕米尔高原）越来越近。慕士塔格峰如巨大的屏障一般挡在路的尽头，山顶常年积雪，风的吻痕化为一道道墨色裂缝。山下穿梭着银光闪闪的川流，坠落的悬冰在其间奔腾。高耸、巍峨的冰山之父俯瞰生死，蔑视时间。

这片土地，地理学家称之为帕米尔山结。拧起这个巨大山结的是昆仑山、喜马拉雅山、兴都库什山与天山，每一个名字都如雷贯耳。在高原的日子，我时常忘我地盯着某座直冲云霄的雪山，回味古书中关于昆仑的浪漫绮梦。

《穆天子传》中，周穆王坐着由8匹骏马牵引的华丽彩车，周游天下。西行穿越戈壁流沙到昆仑山，周穆王到达西王母的国土。西王母见到中原天子来访，以礼相待，在瑶池边奉上美酒佳酿与绝美歌舞，款待穆天子一行。

世人认为帕米尔高原便是先秦书籍《山海经·大荒西经》中的"不周山"。不周山终年被冰雪覆盖，是人界唯一能够到达天界的路径。这些描述的确符合眼前一座座巍峨雪山的震慑力，它们用亿万年的岁月筑起了一道道无法逾越的天然屏障。一团团波涛状的云雾盘桓在帕米尔雪山群间，缥缈得如同西王母宫殿中的霜色帷幔。喧闹的城市已属于昨日世界，我轻轻呵一口气，薄雾迷目。

塔什库尔干塔吉克自治县（简称塔县）是众多旅人歇脚的地方，如今的县城夜晚灯火通明，牦牛火锅店里客流不绝。次日清晨，春和景明，我询叩位于塔县的石头城遗址。石头城西侧为巍峨的萨雷阔勒岭，东侧是开满鲜花的阿拉尔金草滩。刚刚融化的雪水像一道道银色绲边，镶嵌在湿地中肆意漫流。草场青色如染，水草丰美，牛羊散落其间，一顶顶白色的帐篷外炊烟飘升。旭日东升，太阳将金草滩照得格外温暖。矫健的男子骑着骏马驰骋，母亲们领着孩子穿梭在奶牛群中挤牛奶。几只苍鹰从雪山上俯冲下来，盘旋于草滩上空。

根据法国东方学家布尔努瓦的记载，丝绸之路上有3座石头城堡，一座在这里，另外两座在阿富汗境内。眼前的城垣依托高丘地貌，用巨石夹泥土垒砌。远眺气派犹在，近观曲折起伏。虽然早已坍塌，但它的伟大让人难忘。作为揭盘陀国的王城，它是一面不朽的旗帜。

作为中亚的制高点，石头城既是丝绸之路的中道和南道的交会要冲，又是重要的军事城堡，商人想要到喀什或者莎车做生意，都得在石头城停留。因为它的存在，车马驼队如云驰过。遥想当年，那些远自安息、康居、阿富汗等国的商队、士兵、官吏、僧侣带着憧憬与向往接踵而至，他们疲惫的身心需要休息，骆驼也需要补充水分与草料，石头城周围一定熙熙攘攘，门庭若市。

我执意来此，是为了致敬丝路上的一位伟大行者——玄奘，他坚持心中的梦想，克服万难，从长安出发，行走5万余里去摩揭陀国学习。玄奘取得佛经，东归时曾停留于石头城所在的国家，我行走在为保护遗迹而建的木质栈道上，目光寻觅着不起眼的方寸之地，直到发现一块提示牌，上书"玄奘讲经处"。我对玄奘的钦佩之情油然而生。少时读过玄奘去天竺求学取经的故事，他性格中的坚定与勇敢使他无视重重险阻与诱惑，完成了远大的梦想，取得佛经，回馈故乡。这段经历，从此激励着无数华夏后人在遇到挫折时重振希望之翅，继续翱翔。

　　此地是玄奘在《大唐西域记》中口述过的地点："朅盘陀国周二千余里，国大都城基石岭，背徒多河，山岭连高，川原隘狭。"它指引我不远万里来到帕米尔高原，与大师走一段同样的路。

　　我盘腿坐在木栈道的角落，望着"玄奘讲经处"，《大慈恩寺三藏法师传》中关于他的西行故事历历在目。

　　玄奘年轻时，凭借着过人的天赋与勤勉，在佛经研究方面颇有造诣。由于梵文翻译偶有错乱，经文偶有缺失，许多佛经内容前后矛盾，令他百思不得其解。再加上朝代更迭，战火绵延数年，唐朝开国时，百姓常挨饿受苦。公元626年，玄奘抱着"为求大法，广利众生"的心愿，向朝廷申请出关文书，想去摩揭陀国的那烂陀寺拜师研修。

可彼时是唐太宗继位的第一年，内部政局不稳，突厥可汗率领十万骑兵抵达长安郊区，帝国陷入恐慌。冒着巨大的风险，大唐皇帝出城会晤突厥可汗，终于暂时劝退了突厥大军。大唐和突厥的较量才刚刚开始，危机尚未解除，为了应对和突厥的冲突，帝国实行禁边政策，严禁大唐百姓外出。在这个背景下，玄奘的申请没有得到官方批准。

玄奘并没有气馁，"西天取真经"的想法如炭火般越烧越烈。第二年，一场霜冻在秋天提前到来，长安城内闹起了饥荒，百姓的生活更加困难。唐太宗下达指令，允许百姓外出务工。年轻的玄奘挤在涌出城门的民众中，毅然向着关外走去。单薄的僧袍挡不住寒意，他身背行囊，手持竹杖，目光悲悯而坚定。出城前，玄奘回头望了望长安城，虽然前途未卜，但他热切地希望有一天能带着佛经与融会贯通的佛法回来普度众生。

玄奘孤身走到凉州。没有通关文牒，出关难如登天，一旦被官员发现，轻则遣返，重则问罪。凉州慧威法师敬重玄奘西行求法的精神，安排了两个心腹弟子护送玄奘偷偷出关。瓜州晋昌城州史李昌曾接到公文，要捉拿玄奘，解送京师，但李昌是虔诚的佛教徒，他听完玄奘西行取经的缘由后，被感动得改变了主意，当着玄奘的面撕毁了公文，并为玄奘寻了一名胡人和一匹老马，为他保驾护航。

出了关，生死考验才开始。接下来是穿越莫贺延碛到西域的伊吾国。莫贺延碛位于罗布泊和玉门关之间，是荒无人烟的千里戈壁滩。在这里，满脸大胡子的侍从脚步踟蹰了，在盐碱地上磨了几下后不再往前。他规劝玄奘："法师，我还想活命，不能继续陪你了。往西走是看不到尽头的戈壁滩，白天酷热难耐，夜里寒冷刺骨，鬼魅的风沙席卷而来时，许多带着骆驼和侍从的队伍尚且一去不复返，你一人一马如何能穿越？别再涉险了，不如同我一起回去吧。"

玄奘年轻的脸庞毫无惧色，他双手合十道："沙门曾发愿，为求大法，不到摩揭陀国誓不东归，即使死在途中也绝不后悔。"他告别侍从，单薄却坚定的背影越走越远，如一根扎在戈壁滩上的芨芨草，纵被风沙肆虐，仍韧性十足。

在莫贺延碛白日灼热的地面上，玄奘第一次离死亡那么近。体力不支的他颤颤巍巍地拿起水囊，刚想润一润唇，没承想手一抖，水囊掉在了沙地上，洒出来的水瞬间被沙地吞噬得一滴不剩。玄奘叹了口气，捡起水囊向前走，却被沙中的异物绊倒，拿起仔细一看，竟是一截森森白骨。此时，老马已精疲力竭，趴倒在地。一连几天，几近晕厥的人与马又累又渴，体力达到极限，眼见便要与沙地中的白骨为伴。是夜，一阵带着水汽的风吹醒了老马，它嘶鸣着领着玄奘，一人一马用微弱的力气前行，当玄奘终于看到前方有一小片绿洲，艰难地爬向水源时，泪流满面。

老马识途，带着玄奘穿过戈壁滩，到了伊吾国与高昌国。由于玄奘在中土大唐时便以满腹经纶而盛名在外，获得智琰法师、道基法师两位高僧的盛赞，且两位国王对大唐帝国充满尊重，在两国，玄奘都得到了热情款待。高昌国国王麴文泰听闻大名鼎鼎的大唐高僧玄奘路过，立刻将玄奘接到被佛寺环绕的王宫中，与他结拜成为兄弟。在重阁宝帐中，麴文泰恳切地说："御弟，你留下做我的国师可好？"玄奘一边感谢他的帮助，一边仍重复着那句话："若不到天竺，沙门绝不停留。"麴文泰几次挽留无果，便为玄奘法师写了24封致西域各国的通关文书，并用极其卑微的态度给突厥可汗写了一封信，希望他照顾一下"奴仆之弟"，此外，他还赠送玄奘法师珍贵的纯白色汗血宝马一匹，几十名仆役随身照顾。临别前，麴文泰提出要求："希望御弟取经成功后，回到高昌国，为我国开坛讲法。"玄奘认真地应允，互道珍重后头也不回地继续赶路。

不知过了多少日，走了多少路，玄奘一行渡过恒河，金光闪烁的那烂陀寺近在眼前。庄严的梵音萦绕不绝，寺内晨钟暮鼓，香烟缭绕。寺主戒贤听闻玄奘前来，不顾高龄，急切地上前迎接，并亲自教这位前来进修的大唐僧人。短短5年，玄奘不但能熟练运用梵文，更因其优异的成绩，被评为通晓三藏的十德之一，故后人尊称他为唐三藏。

玄奘的事迹在天竺传播甚广，传到了霸主戒日王的耳中。那烂陀寺得到戒日王的尊奉，迎来了荣光，也引发了教内其他派系与外道的不服气，一场规模宏大的辩论不可避免。不久之后，佛教史上发生了一件举世闻名的大事，玄奘在辩经会上的卓越表现让他与大唐一同登上荣誉的顶峰。

为参加戒日王举办的辩经会，玄奘沿着恒河逆流而上，一个月后抵达曲女城。辩经会当日，曲女城所在的恒河两岸旌旗蔽日、人声鼎沸。玄奘辩经的消息不胫而走，不仅吸引了 6000 余名僧众，更有印度地区的 18 位国王到场。戒日王、鸠摩罗王都莅临会场围观，大家拭目以待。玄奘缓缓登上高高的狮子宝座，淡定自若地叙述了《制恶见论》中心思想后，将生死抛在脑后，按照辩经最严格的规定慷慨陈词："此论若有一字不妥需要更改，或者被驳倒，愿斩首相谢！"

整整 18 天，他高坐宝座，舌辩群雄，屡战屡胜。到后面几天，已经没有人敢与其辩论了。在大家的簇拥下，玄奘被抬入大象背上的宝帐，接受全城百姓的祝贺与赞美。双王分别邀请他留下，但玄奘带着面对戈壁的无惧和拒绝做高昌国国师时的坚定，再次拒绝了。他想着长安的城墙，想着百姓挨饿受冻的苦难，想着师兄弟对他带回佛经与知识的期待，对故乡早已无比思念。

他排除万难偷偷出国留学，最后的归属必定是完成研修后回到大唐，造福祖国。

戒日王敬佩他的高风亮节，周密安排仪仗队护送玄奘出天竺，并安排军队护送玄奘要带回国的经书。鸠摩罗王赠送无数金银财宝，玄奘没有接受，只留下了一件能遮挡风雨的粗毛披肩以铭记情谊。鸠摩罗王真诚地说："回大唐走海路更容易，法师若走海路，我可安排船只与人护送。"但玄奘感念当初若没有高昌王的帮助，他根本无法抵达天竺，想着离别时与高昌王的约定，他决定取道陆路回国。

天竺的队伍一路护送玄奘到唐朝边境（安史之乱前，唐朝边境已达当今中亚地区）后，玄奘跟随丝绸之路上的商队穿越帕米尔高原与西域诸国，返回长安。在于阗王宫外，长安的使者从光里走来，带来了召唤玄奘回朝的诏书。

十八年云与月，五万里尘和土，玄奘之路漫长又艰辛，我能够穿越时空在"玄奘讲经处"陪他坐一会儿，内心已充盈着无比的感动。当夜，石头城的苍穹之上繁星浩瀚，北斗星挂于天际，一闪一闪地指引着在人生旅途中迷惘的人们。我忽然想到，《大唐西域记》一书中写着，玄奘"东下葱岭东冈，登危岭越洞谷；溪径险阻风雪相继，行八百余里出葱岭至乌铩国"，不如，我再走一段玄奘东归之路。

根据书里的描述，从塔县回喀什，可先途经今日的大同乡，再沿着叶尔羌河穿越昆仑山腹地，一路开到莎车（《大唐西域记》中的乌铩国），最后回到喀什。大同乡区域古时名为"奔穰舍罗"，如今一定是另一派气象吧。

杏花树下的生存哲学

沿着奔腾不止的塔什库尔干河，我们离开塔县县城，往大同乡方向前行。车轮代替步履，开启穿行塔莎古道的序章。

听！潺潺的水流声活泼了起来，冰霜在逐渐融化。脱下铅白色大衣的塔什库尔干河悄悄穿戴上了水绿波纹披帛，就连吹拂到脸上的风也有了融融暖意。一转弯，满眼的妃色猝不及防地扑了过来，我的眼睛慌慌张张地紧盯窗外，生怕错过褐色山脊下的任何一树杏花。慢慢地，我的嘴角不由自主地舒展成微笑弧度，如同此刻的心情——从被冷峻雪山震慑到敬畏，转为被春的礼赞煨暖留蜜。

这分明是荒芜世界中的绿洲。

汪曾祺先生曾说："梨花的瓣子是月亮做的。"那么，眼前绚烂的杏花瓣子一定是朝霞凝的。3月末，我的家乡江南亦是一派杏花微雨的风光，但它与眼前这个开满了杏花的峡谷有着大不相同的气质。

江南的杏花类似锦缎面料上精密、繁复的苏绣，隐着文人风骨，透着似水柔情。塔莎古道上的杏树则野蛮生长在褐黄的裸山上，具有西域特有的粗犷气质，展现了蓬勃生机。一阵北风吹过，粗砺的裸山立刻蒙上黄沙，我赶紧遮面躲避，姿态苍劲的杏树却丝毫不在意，花枝略微抖一抖，花瓣儿依然烂若朝霞。

天色渐晚，我们在幸福四号桥附近的塔吉克村落停下脚步。由于预订房间的网络触角无法抵达此地，借宿得用最原始的方式完成——轻轻敲开村主任家的大门，询问是否有可供客人留宿的老乡家。在村主任的安排下，我认识了腼腆的塔吉克妇女古丽汗，她眉眼深邃，肤色白皙，用并不熟练的简单汉语招呼我们去她家。

她家掩映在数十棵大杏树下，旁边的沟渠里流淌着冰融化后的溪水，一头黄牛拴在被风沙染成茶色的毡房旁。她居住的正房是用石头和土坯垒成的赭石色"蓝盖力"（塔吉克族传统土房），延续了牧场上常见的简陋矮土屋结构。乍一看，四壁无窗，炕与墙壁都是用夯土砌成的。屋内铺满了颜色浓郁的塔绣装饰布艺，一束天光从屋顶漏下，打亮了古丽汗的帷帽。

供我们住的客房在正房后面，是一座用水泥砌起的平房。古丽汗微笑着试图告诉我，她的丈夫是一位守边人，常年拉着背驮沉重包裹的牦牛在冰天雪地的边防哨所巡逻，若遇到暴风雪来袭，人与牦牛都要用几乎是匍匐在冰坡上的姿势艰难前行。村里为了给大家创收，新盖了几套带有独立卫浴的水泥房，吸引习惯了现代生活方式的旅人来过夜，为感谢她丈夫在工作上的付出，村里分给她家一套。

丈夫常常个把月不能回家，古丽汗安心照看着杏树，偶尔接待旅人留宿，日子过得比老一辈安逸许多。

"这几天杏花开得这么好，真是太美了！"

"它们不仅漂亮，也是我家的命根子。"

是啊，我怎么能忘记，乡村的杏树可不是观赏树种。看似娇俏的它们有着与恶劣环境抗衡的生命张力，能在贫瘠的土地中深深扎根，也能抵御干旱与寒冷气候的冲击。起初，野杏花的种子偶尔落在了山谷中，经历了数年的成长，汇成树林。之后，大同的塔吉克先祖从遥远的中亚迁徙到此，依托杏树的庇佑，生存、繁衍，一个个村落燃起了篝火。

杏树几乎陪伴了大同塔吉克人的一生。此地有句老话："山下杏花山上雪，羊欢马叫果满园。"夏秋时节，老百姓幸福的眼中满是金黄色的成熟果实，绵软甜美的果肉躲在脆嫩的杏子皮下，调动着旅人的味蕾，也丰富着塔吉克人的餐桌。或吃或卖，汁水充沛的果子是人们辛苦了一年的美好回报。剩余的一筐筐杏在屋顶上接受高原阳光的洗礼，变成更甜的杏干——这可是小孩子惦记了一年的零食，也是能量极高的辅食。

杏浑身是宝，不仅杏肉能吃，杏仁也在塔吉克老百姓的巧手下物尽其用。每年收获季后，家家户户的劳动力拿着石头，坐在家门口的空地上砸杏核取杏仁。脆生生的杏仁包裹着褐黄色的外皮，不久后，它就会变成散发浓郁香气的杏仁酱，先跳进沸腾的奶茶，再滑进人们的口腔。在一声声赞叹与满足声中，杏仁茶成为塔吉克人过节时招待客人的佳品。

烧煳的杏仁有着另一个使命。疼爱新生儿的长辈将它碾碎，取黑色的粉末涂抹在婴儿的脸上。它既承载着希望孩子健康成长的祝福，又能保护婴儿娇嫩的肌肤，帮助婴儿抵御高原灼热的阳光。

杏树用它的美丽、朴实陪伴了大同塔吉克人的岁月安好。此地人对它的爱直截了当，正如古丽汗，将它称为"命根子"。

"下次丈夫去雪山巡逻前，一定要给他多带点杏干在身上。"我们进房前，古丽汗低声呢喃。

我的思绪飘到一千多年前，东归的玄奘在经历了溪径险阻、风雪相继后，是否偶遇过成片的杏花林，为艰难的旅程添了一把带着生机与激励的柴火？

穿越昆仑腹地

穿越塔莎古道的第二日下午，我们恋恋不舍地与开满杏花的温柔乡道别，从库祖边境检查站出发，开启车行玄奘东归之路的艰难模式。后半段是纯地质风光，没有炊烟袅袅的村庄与热情的居民。手机很快失去了信号，电子地图完全失灵。前行之路充满了未知，路况变得复杂且危险。

车轮滚了 20 分钟后，道路变成了土路，一条曲折逼仄的窄道"挂"在了怪石嶙峋的土色山体边。"长坂千里，悬崖万仞"，道路险峻，行走的难度不亚于《秋胡行》中上散关山的难度。我的目光几乎不敢多看两旁。左侧无规则半挂在山上的巨石随时会跌落；右侧风光绝美，叶尔羌河湛蓝，像天神的眼泪，蜿蜒穿行，撕开一座座布满黄沙的山脊。没有风，山河不语，平静如水，常常把人拉进一派祥和的幻境中。不过，一路上损毁、坍塌的保护栏提醒着我们，可千万别沉溺于眼前温柔的假象，一定要保持警惕，全神贯注地开车，不然，走错一步便会跌落悬崖，万劫不复。

每行驶一段时间，总会碰到一段塌方路。越野车的引擎呼啸着，尝试碾压过一些小石头攀爬过坡。若不幸遇到巨石拦路，哪怕已开过上百公里，也不得不放弃前行，在悬崖旁的窄路上小心翼翼地掉头，铩羽而归。

这几个小时，天地间渺无人烟，安静得令人害怕。挚友陈女士凭借丰富的自驾经验与高超的车技保证着我们两人的生命安全，而我则紧绷着神经，一路帮忙查看路况，不敢有丝毫放松。说实话，我心中时不时泛起孤寂、害怕又紧张的情绪，不敢去设想生命的终点会在哪一刻忽然到来。

为了缓解久驾的疲劳感，我们在一处略微开阔的泥地上停车休息。我下车时，才意识到双腿发软。苍茫辽阔的昆仑山腹地与冷峻安静的叶尔羌河如同海市蜃楼般不真实。原来，无人区的沉默足以击溃凡人的心理防线，让人忍不住逃离，急切地想回到"人世间"，窝在温暖的城镇中喘口气。

面对冷酷世界的群峰林立，人的心态被影响得虔诚无比，许多平日不敢触及的思绪涌上心头。山河指引我与"芒鞋竹杖行古道"的玄奘隔空对话。是什么让他有勇气在一支商队的陪同下步行十几天穿越此地？他们睡在哪？每天只吃干馕充饥吗？有想过生死吗？是否曾同我一样，对接下来的未知之路感到惶恐？

假设此刻玄奘也在小憩，以他素来的性格，一定是神色淡然，结跏趺坐，钻木取火煮一锅汤饼与随行的人分享，并说些有趣的天竺游历故事缓解大家的紧张情绪。他回国后口述给辩机的经历中，常有以旅行家的视角看到的异域世界。比如，吴承恩的《西游记》中，部分女儿国的故事就改编自此——西女国是一个海岛国家，在此地生活的女性会与拂懔国的男子繁衍后代，若生下男孩，就送回拂懔国，女孩则留下，久而久之，在国内生活的皆为女子。这样的小故事在《大唐西域记》中还有许多，可见玄奘一路上虽然艰辛，却并不消沉，还有兴致收集有趣的故事。

感谢玄奘，穿越时间尘埃，帮助我放松心态。每个人的心中都有两个自己，一个在混沌的世俗中随波逐流，一个在漆黑的长夜里奋然前行。瞳孔中皆是神祇般的山峦，两个自己被从灵魂中释放出来，往事一幕幕闪现，后悔的，圆满的，看着那些画面，居然很平静。一些虚荣、焦躁的情绪在玄奘精神的引领下渐渐消散。愿每个人路过五百里路云和月，还能留一小块空地给赤子之心。整理好思绪，我抱着马上便要穿过无人区的信念，继续前行。

从库祖边境检查站出发，行驶 4 个小时后，便能经过阿尔塔什地质公园。这意味着驶出了最危险的路段。大自然神奇地塑造出一派新的壮丽景色。亿万年前，此地是一片汪洋大海，如今，由海水冲刷形成的鹅卵石和长期风蚀的戈壁沙土混合而成的小山丘依旧保留着海底地貌，它们随着地壳运动不停上升，变成维吾尔族人相传的"具有陡壁的小山包"的雅丹地貌。一座座形态各异的山包接受了日月的洗礼，低吟着沧海桑田之变，坐在车内的我显得如此渺小。

继续前行，车窗外的风光开始变得温柔。红日低低地悬停在沟壑纵横的山峰边缘，丹霞如织女编织的火红绸缎般挂在天边。新的地质景观出现了！迤逦的千峰峭壁将锦绣彩霞融进了山体之中，一派妩媚的暖色安抚了人心。最令我们惊喜的是，一只调皮的小羊羔呦呦地鸣叫，闲逛在路中央，它的小主人穿着亮黄色的外衫，着急地召唤它回到路边——这意味着我们重新回到了温暖的

"人世间"！

　　一小段玄奘的东归路，在回到喀什的那一刻便走完了。往返一趟喀什与塔县，一路风光迥异，有困难，也有温情，这正是丝绸之路的魅力所在。丝绸之路还很长，人生之路也很长，我想，若每个人都有玄奘的勇气与行动力，一定都能抵达梦想的终点，绽放生命的莹莹之光。

阿拉木图 第三章

腾飞中的中亚骏马

国境旁的繁华市井

6月的伊犁草原，美得如诗如画。我与几位素不相识的旅行者临时拼了一辆车，向草原深处开去。

随便找一处下车，便能看到绿草如茵、云松如盖的美景。无边无际的草原上开满了金莲花、蒲公英、雪地报春花、马兰花、琉璃苣等各种花，它们挤挤挨挨，絮语轻吟，在微风的吹拂下展示着明媚姿态。这份蓬勃的美和苍劲的雪松一起向高处伸展，亲吻一座座积着薄薄雪盖的远山，抚摸一团团翩然翻滚的云朵。

旅行团中有一位与众不同的小伙子，当我们战战兢兢地在牧马人牵着缰绳的情况下体验骑马的乐趣时，他已帅气地将马鞭挥出叠影，胯下的骏马奋蹄疾驰、仰首扬鬃，一溜烟就跑了个没影儿。此外，他还能用哈萨克语与当地的哈萨克居民畅快交流，一起跳"黑走马"（哈萨克传统舞蹈），大口吃肉，肆意弹唱。同行的宁波阿姨一脸疑惑，手上拿着一根怎么也啃不完的羊腿骨，扶了扶眼镜，问他："小弟啊，你看上去不像观光客啊？倒像是很熟悉这里的风土人情。"

小伙子的脸庞黝黑且棱角分明，高高的颧骨、上挑的眼角与宽广的额头，的确与伊犁草原上的中国哈萨克族健儿如出一辙。他摸了摸布满细小胡茬的下巴，喝了一大口奶啤后说："我来自哈萨克斯坦，来到草原就像鱼儿回到大海一样自在。说不定我的祖先与这里的人同属一个部落呢。"

哈萨克斯坦，这个国家的名字立刻引起了我的注意。在中国西域历史上留下浓墨重彩的一笔的乌孙王国与之后蒙古建立的哈萨克汗国关系匪浅。"哈萨克"在突厥语中是"脱离"与"迁徙"的意思，哈萨克汗国的主要迁徙者便来自汉朝西部草原，是乌孙后代。乌孙王国拥有矫健的骏马、连绵的草原，西汉的细君与解忧两位公主先后与乌孙首领和亲。解忧公主的侍女冯嫽曾在乌孙王室的权力更迭中只身前往乌就屠大帐谈判，以其非凡的智慧与勇气化解了一场恶战，成为中国第一位女性外交家。

除却历史的羁绊、民族的融合，哈萨克斯坦在地理位置上与中国的阿拉山口市、霍尔果斯市接壤，自古是丝绸之路上的重要中转站。特别是在成吉思汗建立强大的蒙古汗国时期，蒙古贵族对中原与欧洲的奢侈品的需求量大增，中亚商人作为双边纽带，越发生意兴隆。一条名为"黄金绳索"的商贸之路在汉唐丝绸之路的基础上进一步发展，驼队与马队沿着广袤无垠的草原逶迤而行，这条穿越中亚的商贸通道如它的名字一般，将丝路各国的关系联系得更紧。

哈萨克斯坦作为古丝路与如今"一带一路"中的重要国度，一直在我的旅行心愿单上，可惜之前它的签证办理过程过于烦琐与冗长，令人望而却步。

2022 年，它对中国实施了为期 14 天的免签入境政策，解决了旅行者的一大难题。当我还惆怅于从上海到阿拉木图的航班没有复航，需要在韩国转机等待 21 个小时的窘境时，那位来自哈萨克斯坦的小伙子告知了我一个好消息——从伊犁哈萨克自治州霍尔果斯市可以搭乘大巴前往哈萨克斯坦。迂回的飞行路线简化为一张价值 70 元的车票，这个消息真是"及时雨"，令我振奋。新的询叩丝路之旅近在眼前。

从霍尔果斯市出发到距离中国最近的哈萨克斯坦城镇扎尔肯特，过程并不复杂。首先，在新国门客运站买一张国际车票（尽管车票上对"Zharkent"的翻译是"雅尔肯特"，而更加被广为接受的名字是"扎尔肯特"，但往返两地的哈萨克斯坦人并不介意首字的不同）；然后，等待客运站工作人员叫自己的名字，领取通行证并先后搭乘两辆接驳车抵达中国海关与哈萨克斯坦海关，办理通关手续；最后，坐车前往距离中国边陲 30 公里左右的扎尔肯特。

出乎我意料的是，每个看似简单的过程都十分漫长，仿佛在看一场 0.25 倍速播放的电影。特别是在等待接驳车时，两地安保都拒绝通行者步行走向海关，于是每个人都要耐心地等待一个小时一班的大巴，才能前往近在咫尺的下一站。

6 月的太阳狠狠地盯着人晒，我压了压帽檐，抵挡烈日的同时环顾四周。

几个前来中国留学的哈萨克斯坦青年拖着旅行箱归国过暑假，他们兴奋地交谈着，一边说着暑假要前往乌兹别克斯坦与土耳其旅行，一边时不时懊恼地感叹少买了些电子产品带回家，感慨中国的商品比哈萨克斯坦的同类商品性价比高太多。

包着彩色头巾的哈萨克妇女推着一捆体积巨大的行李袋，我实在猜不透那一包包蛇皮袋里装的是什么物品，可能她是完成海关申报后亲自运输小商品回去的生意人吧。

商务人士的行李最为轻便，他们往往穿着休闲商务装，只背一个能放下手提电脑的黑色书包。他们是聊天人群中最愿意搭讪同类的人。

站在我前面的一个穿黑色 Polo 衫的男士问身旁穿白衬衫的人："你也是过去出差吗？你们公司是做什么项目的？"

白衬衫说："我做能源开采技术支持。哈萨克斯坦矿源丰富，大型采矿设备是向我们公司购买的。"

黑色 Polo 衫一脸了然，表情中有遇到同行的惊喜："我们公司与哈萨克斯坦的公司常年做大宗化工材料生意，我是化工技术顾问，从进公司开始，没少过去出差，老婆意见很大。我向老总申请能不能降低出差频率，他居然说，我也可以选择在伊拉克常驻几年，唉，真是迫于生计啊。"

当两人兴致勃勃地探讨原油价格时，前往哈萨克斯坦海关的接驳车终于到了。

拥挤的车厢内光线很暗，我不得不看着窗外，转移密闭空间带来的压抑感。车子以每小时 5 公里的速度龟速前行，我望着货运车通道内排到看不见尽头的集装箱车，由衷感叹只有亲眼所见，才能体会到两国的贸易关系是如此紧密。

遥想古代，中国商队也是如此率领着蜿蜒曲折的队伍，驮着丝帛、青花瓷等工艺品前往中亚诸国的吧？

抵达哈萨克斯坦海关后，还需要在空旷的玻璃房内等待海关核验。工作人员开门让哈萨克斯坦公民先过，然后邀请女士进去，两位商务男士似乎已经习惯"吊车尾"的排队顺序了，他们的话题从原油转到了元宇宙。

我望着正前方的哈萨克斯坦国徽。它由蓝底描金色纹样组成，中央是传统毡房的天窗，天窗两侧分别绘有振翅飞翔的骏马。这个于 1991 年正式建国的国家，用两个经典元素将悠久的游牧文明公然于世。自由、尊严、勇气和崇高的理想从游牧时代开始便世世代代刻在马背民族的族人心中。无论是被雪山环绕的绿洲古都阿拉木图，还是如今矗立在广阔草原、每到冬季都会被西伯利亚寒风席卷的首都阿斯塔纳，若将它们拟人化，应该同我先前认识的哈萨克斯坦小伙子一般，是位向往策马奔腾的骑手。

下午一点半，上了前往扎尔肯特的班车后，一位身形丰满的哈萨克妇女坐在我身边。丝绸袖摆随着她柔软的手臂时不时摩擦着我，她拿起用羊奶制成的干酪饼（Kurt）与金黄焦酥的包尔萨克（Baursak）充饥，香气猝不及防地蹿进我的鼻子，我咽了咽口水，目光牢牢地黏在包尔萨克上。她瞥到了我直白的眼神，擦了擦手，友善地问我是否想尝一块。我瞬间充满了被看穿的窘迫，轻轻地摇了摇头。感谢她的好意后，我转头看向窗外，缓解尴尬。

窗外是干旱的土褐色戈壁，滚滚黄沙随着车轮的碾压敲打着车窗，远处的关卡处遍布螺旋形的铁网，此番景象，让我很难想象30公里外便是各国商人齐聚一堂的扎尔肯特。

随着大巴缓缓前行，前方渐渐有了人类居住的痕迹。低矮的民房鳞次栉比，老旧的汽车穿梭其中，偶尔见到一些路边摊，卖着简单的饮料与水果。尘土在艳阳下飞舞出迷离的光晕，一些在中国再也见不到其型号的汽车轰隆隆地排着黑色尾气。

扎尔肯特到了。我护着行李环顾四周，小镇的现代化程度并不高，但来自天南海北的人群聚集在车站，让这个车站有些像古时的敦煌驿站。游牧人、商人、出差者、旅行者，不同职业、信仰与肤色的人齐聚一地。

一群司机蹲守在车站外，看到大巴进站便一拥而上，口中招呼着："去阿拉木图，拼车，10000坚格尔（折合成人民币约为150元）一个人。"我听了只暗自摇头，这里客人上车后被要求加钱的行为已在网上传遍。

某个司机的"雷达"扫描到落单的旅行者，毫不客套地拎起对方的行李箱便往自己的车冲去，任由那人在后面匆忙追逐。我在此等阵仗中显得尤为谨慎，紧握行李箱拉杆，拒绝了好几拨司机。

好在没过几分钟，出发前联络好的司导（兼任司机和导游）乌尔曼便如同天降神兵般地出现在了我眼前，对着我发给他的护照照片反复确认："黄小姐对吗？包车 3 天？就你一个人吗？"他的车停在不远处，车牌属于阿拉木图市，居然是一部崭新的本田商务七座车。放好行李，充足的空间让我找回了安全感，将方才的混乱场面隔绝在外。

我愧疚地询问："你吃午饭了吗？我没想到过来需要这么久，都下午 2 点多了。"

"我在等你，哪能自己去吃午饭？不过现在是哈萨克斯坦时间，才中午12 点多。走，带你去吃饭！"

我雀跃地随他下车。扎尔肯特的饭店品类多到令我选择困难，来自中国、哈萨克斯坦、塔吉克斯坦、乌兹别克斯坦、俄罗斯、土耳其、伊朗、意大利等国的诸多风味汇聚一堂，像藏在沙地里的宝石般等人挖掘。迥异的餐厅风味意味着它的顾客来自世界各地，也许当地政府想把小镇打造成未来的"中亚贸易重镇"，正是因为对这里便捷的地理位置与值得期待的人流量有信心。

除却应有尽有的餐饮风味，还有一处文明交汇融通的见证，那便是位于城镇中心的、造型独特的清真寺。它的拱门和外墙是典型的中亚风格，繁复的镂空工艺与灵动的几何线条则极具伊斯兰美学造诣，再看宣礼塔的装饰，恍惚如同回到中国——塔顶为重檐六角攒尖顶，檐下斗拱为典型的清朝风格，梁栋的彩绘复杂华丽，只是飞檐上的雕塑不是中国传统的龙凤，而是一弯新月。

乌尔曼告诉我："扎尔肯特清真寺初建于 19 世纪。据说，当地长老曾在伊宁游历，建造时感觉将中式建筑的风格融合进去会很美，便特地请了中国工匠前来设计、修建。20 世纪初，一场大地震让原清真寺坍塌，1975 年至 1978 年修复的清真寺不仅保留了原来的样貌，还成了艺术博物馆。"

我内心有些感慨，天灾人祸能摧毁建筑，却不能摧毁美，更不能摧毁一颗包容各地文化的心。

离开扎尔肯特前，乌尔曼指着地图为我介绍后续行程："你的终点是阿拉木图市，从这里出发不久，就能抵达阿拉木图州。你可别小看这个地区的面积，哈萨克斯坦是世界上最大的内陆国家，阿拉木图州集结了峡谷、草原、雪山、湖泊、森林、荒漠等多种景观。"

游牧战争的史诗

我满是期待，启程出发，向恰伦大峡谷（Charyn Canyon）前行。

车行不到 2 个小时，地貌发生了极大的变化，前方荒原被神斧劈开一道狭长的口子，裂缝内满是褶皱的沙石、岩层。熟褐、橘黄、褚石、玫瑰、胭脂红……大自然毫不吝啬地将所有温润、优雅的暖色泼洒在恰伦大峡谷中。这里景色奇幽，旅人需要从地面往下行走，才能抵达峡谷。在长达 2.5 公里的步行途中，两侧峭壁上矗立着形态各异的嶙峋巨石，我如同行走在神庙狭长的甬道中，被头顶上的众神俯视，油然生出敬畏之心。

公认的世界第一大峡谷是雅鲁藏布大峡谷，在之后，不少国家自封境内峡谷为"世界第二大峡谷"，以做宣传，恰伦也不例外，得到这一封号多年。从游历世界多年的旅行者的角度看，恰伦充满神秘气息，巨石与峭壁排列组合出许多不同的氛围，身处其中，仿佛进入游戏中的建模世界，每一个转弯都如开盲盒般惊喜。其中有一段峡谷被称为"城堡谷"，远远望去，垂直的岩石一根根用力地插入土地，像支撑颓败古宫殿的参天巨柱。难得的是，巨柱上方有一块平整的红岩空地，很适合北欧神话中的巨龙飞翔至此，收起翅膀俯瞰王国。行至狭窄处，悬空的山洞只够 3 人同行通过，一辆被刷成墨绿色的越野车小心翼翼地钻进去时，司机特地提醒所有乘客不要伸手、探头，以免被岩石擦伤。

拥有得天独厚的自然景观的恰伦大峡谷是哈萨克电影巨作《无畏一千勇士》的拍摄取景地之一。骁勇的部落骑士策马奔腾，用铁蹄书写了一段游牧战争史诗。

故事的背景是著名的"昂拉海战役"。随着杨吉尔汗时期卫拉特汗国解体，其最强的一支部落——准噶尔逐渐强大并频频入侵哈萨克汗国。15世纪到17世纪后期，哈萨克汗国尚可击退准噶尔的进攻。18世纪，哈萨克汗国内讧，实力变弱，准噶尔骑兵开始肆无忌惮地霸凌哈萨克牧民。男主角的童年笼罩在父亲被准噶尔人杀害的阴霾下，成年后发誓为自由而战，私下建立了民间反准噶尔队伍。他率领一支由1000位哈萨克勇士组成的军队，击溃了对方的铁骑大军，成就了昂拉海战役的胜利。

我在农耕文明的熏陶中长大，农耕文明主张遵从礼法、聚族而居、稳定含蓄，与游牧文明崇尚的自由奔放、随时迁徙、欲望外露泾渭分明。截然不同的生活状态让我经常忽略——游牧民族同样拥有悠久的历史与广袤的土地。他们如同沙漠中的骆驼刺，坚韧锋利、勇猛直接。他们无暇理会弯弯绕绕的情绪，伤春悲秋的心思在金戈铁马中弹指间便碎成一堆齑粉。各大汗国之间为了争夺牧场与牲畜，从未停止过正面冲突，昂拉海战役只是他们永不停歇的征服过程之一。

电影的结语发人深思——"昂拉海战役的胜利成为哈萨克汗国与准噶尔人战争的转折点，极大地提振了哈萨克人民追求自由的决心与意志，但一直到近3个世纪以后，哈萨克人民才迎来真正属于自己的自由。"

这段话精准地概括了历史，某个时间点获得的胜利并非大结局。乾隆年间，清朝出兵平定准噶尔叛乱，从那以后，准噶尔汗国对哈萨克汗国不再有威胁，三玉兹（哈萨克三大部落群）就势归顺清朝。然而，随着清末国力衰败，三玉兹的土地和人口尽收沙俄囊中。哈萨克斯坦共和国（简称哈萨克斯坦）在1991年正式建国之前，是苏联的加盟共和国之一。两次世界大战期间，大量俄国人迁徙到哈萨克斯坦定居，俄罗斯族逐渐成为当今哈萨克斯坦的第二大民族。战争结束后，大批德意志人与波兰人因为不受信任而被赶出家园，在广袤的草原中自生自灭。之后，高加索的车臣与印古什人、克里米亚半岛的鞑靼人、远东地区的朝鲜族人纷纷被迫搬迁到哈萨克斯坦，经过残酷的生存考验，如今，他们的后代是这个现代社会的建设贡献者之一。

我好奇地问乌尔曼："现在哈萨克斯坦的通用语言还是俄语吗？"

乌尔曼耸耸肩道："如果你对着年轻人说俄语，他会回答你——请说哈萨克语！哈萨克语是这个国家当下的通用语。"

从脚底传来的一阵刺痛打断了我们的谈话，我连忙跳到一块石头边，惊诧地发现厚厚的鞋底被一根骨针扎穿，脚底隐隐可见细密的血丝。粗粝的峡谷地面没对我这个远道而来的旅人客气半分。乌尔曼赶紧过来关心我："你忍耐一下，再走几步就有地方清洗伤口了。"

行至不远处，便能听到湍流冲击石头的声音。一转弯，我看见一条水绿色的大河从大峡谷尽头徐徐流淌而来，两岸密布光滑的鹅卵石与绿意盎然的植物。仿佛只在一瞬间，被炎热、荒芜逼出的汗意消失得无影无踪，清凉的水汽沁人心脾。大自然用珍贵的雪山水河流，为恰伦大峡谷戴上了一条晶莹剔透的珍珠项链。

中亚的黄金坦途

我们的车刚开出峡谷不久，便被路边的一对年轻人拦停。一位白皮肤蓝眼睛的姑娘非常客气地与驾驶座上的乌尔曼打招呼，请求他把他们从峡谷区带到附近的村落。她的鼻子被太阳晒得通红，颧骨上布满小雀斑。她身旁的小伙子有着黄褐色的皮肤与棕黑色眼睛，辅以卷卷的头发，像是印度裔。两人各背着一个巨大的背包，气喘吁吁，如同两棵被烈日烘烤的绿萝，快干枯了。

我回头看了看空荡荡的商务车后座，邀请他们上车。

两人上车后看到宽敞的真皮座椅，欢呼雀跃，轻松与快乐迅速爬上他们的脸庞。姑娘名叫 Carol，来自澳大利亚，计划用一年的时间环游亚洲。行至柬埔寨时，她遇到志同道合的印度小伙子 Bandu，两人结伴，打算用非常少的预算完成旅行。这一路，他们用搭车、做沙发客或露宿的形式推进旅程，实在缺钱时便去做临时工，为下一程做准备。在近100公里的路途中，车厢里热闹极了，我转头对着两人，大家叽叽喳喳地分享各自的旅途经历。乌尔曼看似在淡定地开车，然而时不时的插嘴与提问暴露了他也想积极地参与这场谈论。自从参加工作，我再也没碰到过如此纯粹的"旅途苦行者"，看到他们青春又无畏的脸庞，我仿佛看到了当年自己初探世界时的勇气。

我问 Carol：“什么时候到哈萨克斯坦的？阿斯塔纳和阿拉木图都去了吗？”

Carol 灌了几口我递给她的矿泉水后回答：“过几天就要离开哈萨克斯坦了，我发现，从这里出发，无论是去伊朗还是去土耳其，都非常便捷，我抢到了超便宜的机票。阿斯塔纳建城时间不长，虽然它是仓促地从阿拉木图手中接过首都的重担的，却发展得现代化到了不可思议的程度，到处是高大的钢结构建筑与玻璃幕墙，物价比澳大利亚还贵，昂贵的房费逼得我与 Bandu 匆匆逃离阿斯塔纳。我在过夜大巴上听说，时任总统是因为搞不定阿拉木图内盘根错节的势力，才在 1997 年决定迁都的。”

“那阿拉木图呢？我将要在那里待一周，你感觉那里如何？”

“阿拉木图很骄傲自己有‘苹果之都’的称号，许多景点和城市标志前建有苹果雕塑，公园的栏杆上也画着苹果。我抱着很高的期待在巴扎内买了一个可爱的红苹果，它的外皮光滑细腻极了，果肉甘甜爽口，轻轻一咬，果汁迸射，连果核都很小，并且呈现透明的颜色……”她目光飘向 Bandu，Bandu 重重点头表示同意后，Carol 接着说，“然而，在我露出灿烂的笑容，用了 5 分钟夸赞这个苹果，并表示我很幸运能在‘苹果之都’尝到如此美味的苹果时，老板告诉我，我吃的是来自中国新疆的阿克苏苹果，不仅他的摊位，整个巴扎的水果铺子都从中国进口苹果。”

车厢里涌起一阵爆笑，乌尔曼清了清喉咙，略微尴尬地换了一只手扶方向盘。

我倒是对阿拉木图被称为"苹果之都"的掌故稍有了解，为了缓解乌尔曼的小尴尬，主动解释道："苹果的历史要从丝绸之路说起。最原始的苹果树种源自天山山脉内的几条河谷，世界范围内的植物学家普遍认同它们生长于阿拉木图地区。野生苹果树种经过人的培育，获得了与远亲品系杂交的能力，果实口味朝着人喜欢的方向渐渐改进。在汉代时，中国的类苹果亲缘树种叫作林檎，许多古诗中都有这个植物的名字。随着丝绸之路的畅通，阿拉木图的野生苹果树种与丝路沿线的其他苹果树种杂交，人们根据口味不停地实验和栽培，从而培育了黄元帅、蛇果、红宝石等大家喜欢的品种。"

乌尔曼很高兴听到阿拉木图依旧是名副其实的"苹果之都"，轻松地对我说："明天我们就要去天山河谷了，不如我带你骑马去找找野生的苹果树。我之前见过它们，长得不高，果实大约有一只手掌那么大，入口酸酸甜甜的。"

我欣然应允。

话题转到 Bandu 身上，Bandu 说："我在哈萨克斯坦最遗憾的事情是没有钱去参加核试验场一日游。'冷战'期间，苏联在哈萨克斯坦塞米巴拉金斯克多边形地区测试了数百枚核弹头，这里就成了世界上放射性最强的地方之一。"

我听得有点震惊，无论从哪个角度说，去核试验场旅行都不是一个安全的选项。我有一个朋友曾经在乌克兰参加切尔诺贝利核电站一日游，虽然佩戴着防毒面具，穿着防辐射服，但回家后不久便骨质疏松，用了很长时间接受治疗。就算是巧合，那也是我绝对不愿意承担的风险。

"你为何会对那里有兴趣？听上去很危险。"

Bandu 年轻的脸庞出现凝重的神色："我想去亲眼看看战争带给人类的无尽悲惨后果。前几日收到通知，我拿到了斯坦福大学的奖学金。旅行结束后，我就要去攻读国际关系专业了，我相信这趟旅途会影响我在今后的职业生涯中对许多事情的看法。"

有趣的交谈在抵达最近的村庄时戛然而止，两位年轻人下车后，站在路边对我们挥手许久。

行驶到天山河谷附近的湖区时，天色早已墨黑一片。山区里的气候反复无常，不一会儿便电闪雷鸣，只能听到河水奔流声与雨点落地声的混响。乌尔曼告诉我，他为我预订了附近的"网红"酒店，酒店位于山上，寻常车辆开不上去，需要联系酒店派越野车下来把我接上去。

第一次联系时，酒店前台很爽快地答应派车来接我，但之后的一切像被按了暂停键，我们在山下等待了一个多小时，没有看到任何一辆车从山上下来。乌尔曼不停地拨打酒店电话，投诉到经理、总店，问题却还是得不到解决，更糟糕的是，酒店前台不接我们的电话了。

山丘上传来的惊雷咆哮声惊动了黑夜，一道道闪电划破天际，像《西游记》里的电母在施法。乌尔曼一边抱怨"网红"酒店的做法实在太得罪客人了，一边也只能继续等待有车来接我。听说上山要坐半个小时的车，道路崎岖不平，且有一侧是悬崖后，我忽然不敢上山住宿了，便询问他："我能否和你一样，在山脚的村落里找家民宿住？"

　　他有些为难："可是现在太晚了，民宿不多，可能没有空房，而且村里的民宿大多是给去湖区的司机们拼房的，你住不方便。"

　　就在我拼命思索解决方案时，远处有一辆越野车对着我们打双闪灯。乌尔曼如释重负地把我转交给越野车司机，我的惴惴不安被夜色全然淹没。

　　越野车上有两位大叔，只会讲几个简单的英文单词。他们示意我落座，我在泥泞的座位上拼命摸索安全带，却只摸到一截断带！其中一位大叔看着我的动作，发出爽朗的笑声，反复说："It is OK, It is OK!"

　　我拼命摇头："I am not OK!"并用肢体语言表示我很需要安全带。我内心发出震耳欲聋的声音："家人还等着我平安回家，我不想在这里发生意外！"

　　大叔的理解能力很强，将副驾驶座让给了我，并帮我系好安全带。越野车巨大的车轮开始滚动，我紧张地抱住包，死死地盯着前方路况，每一分每一秒都觉得异常漫长。两位大叔丝毫不理解我在紧张什么，他们谈笑风生，仿佛车子左侧 30 厘米处不是悬崖，而是平坦的沥青路。司机驾轻就熟地转弯、涉水，越野车在布满发夹弯的山路上如履平地，终于，我在两位大叔的谈笑声中渐渐平复心绪。看到酒店昏黄的灯光后，我如释重负，感觉像捡了一条命。

"网红"酒店的价格折合成人民币是 900 元一晚，而我的房间只有 10 平方米，放着简陋的家具，想为电子用品充电的话，甚至需要搬开木桌子，找到充电口。更让人难以接受的是，松松垮垮的接口无法插接我的国际电源转换器，我叹了一口气，另一处电源在厕所，我只能将充电器放在厕所的角落里。去走廊接饮用水时，我扫视周围，楼道内共有 5 间房，隔壁小孩的哭闹声在走廊内听得清清楚楚。更罕见的是，只要有人经过，木地板便会重重震动，房门也会跟着震动。

我趴在还算干净的床上，一天的奔波加上时差作祟，我无力去想这个酒店凭什么定价 900 元一晚，还号称"网红"酒店！在一阵复一阵的震动中，我昏昏睡去。

翌日清晨，一缕淡淡的天光伴随着鸟儿的啾唧声透过窗帘，照进房间。我挣扎着起床，拉开窗帘。彻底唤醒我的是眼前的景色——仿佛世间最优雅的绿意被盛放在银色的餐盘中递到我眼前。科尔赛湖平静无波，堪比水头极好的满绿翡翠。太阳缓缓上升，将温柔缥缈的光投在云杉与草甸上，斜影越拉越长，明暗交错。翠绿色的草甸隐隐渗出些许鹅黄色，嫩嫩的，惹人怜爱。墨绿色的云杉苍翠、沉稳，挺直地顺着山坡生长，带着一丝倔强。看似永恒的画面，随着光线缓缓地移动而不停变化，直到科尔赛湖面成为一块画布，周遭妩媚多娇的色彩纷纷跳进去，恰如融化了的油墨泼洒其上。

脚步轻声落在酒店的木栈道上，我被科尔赛湖深深吸引，眼中满是对湖光山色的眷恋。栈道尽头是用云杉木搭建成传统毡房式样的特色客房，一对哈萨克情侣相依相偎，坐在毡房前，望着远处的景色。没人舍得打扰他们，也许在他们今后漫长的人生中，此刻朝暮成双、四季同行的静好模样是一段弥足珍贵的回忆。

这个清晨，我对这个酒店的所有失望都消弥了。

乌尔曼与我会合时，对寻找野苹果树一事念念不忘，只是此地的牧民对他说，野苹果树越来越少，能否找到，得看我们的运气如何。我被天山河谷的景色迷住了，无论他带我走哪条徒步路线，我都期待满满。

乌尔曼一拍手："不如走难度最高的路线，终点的景色一定会让你惊喜！"

他说的终点是天山湖群中最特别的卡因迪湖，湖区纪念品商店内售卖的明信片上都有它的景色。乍一看，分不清是湖水怀中有森林，还是森林环绕了湖水——隐匿在森林中的湖中央伫立着一个方阵的树木。

这独特的景观源自 1911 年的大地震。那场地震几乎摧毁了阿拉木图市内所有的著名建筑，但成就了卡因迪湖蓝得让人心醉的颜色。地震后的山体滑坡引发天山山脉上的冰川松动，数不尽的冰块向凹陷处砸去，冰块融化之后，形成湖泊。被冲刷下的石灰岩沉淀为湖底的矿物质，使水波拥有宝石般的色彩。水面上浮，渐渐漫延到白桦树林，白桦树在矿物质的侵蚀下枯萎死去，却不侧倒，坚硬、笔直的躯干挺立在湖面中，像就义后不肯倒地的烈士。

想要看到这一奇观，得经历一番波折。参观者需要先乘坐越野车，涉过浅滩与荒地，再换乘马匹，骑马上山，最终徒步一段泥泞不堪的碎石子山路，才得以抵达。我没有骑马上山的本事，然而乌尔曼说得没错，他的基因里有骑马的天赋。他轻松驾驭了一匹棕色马，同时将我的马紧紧牵住，对我说："你只管坐稳，我在前面开路。你就当这马有自动驾驶功能。不过，记住，上坡时要俯下身子，保持平衡。"

我曾以为哈萨克骑手只会驰骋在无边无际的草原上，没想到在这段路上，经常能遇到矫健的哈萨克骑手骑着头马，后面拉着一支马队，轻松征服曲折、颠簸的山路。骏马与骑手亲近得很，遇到潺潺溪水，骏马低头饮水时，骑手总会耐心等待并梳理它们的毛发。喝完水的马还会发嗲，用头拼命地蹭骑手的胸膛。

虽然是夏日，远处的天山山顶还有些许积雪，如同未化尽的奶油软趴趴地盖在抹茶蛋糕上。

在马上摇摇晃晃的我产生了一种错觉，仿佛我也是古时商队中的一员。这段丝路的景致真是太美丽了，天山山系作为距离海洋最远的山系，横跨中国、哈萨克斯坦、吉尔吉斯斯坦和乌兹别克斯坦，一条黄金商贸大道沿着天山山脉延伸、成型，丰饶的河谷孕育了成片的绿洲，交河、高昌、伊宁、阿拉木图、比什凯克、撒马尔罕、布哈拉、塔什干……一座座古城也随之被镀上金粉。过往的辉煌不该画上句号，在和平年代，如何让丝路再次畅达，成为很多人穷尽一生的事业。

终于抵达卡因迪湖，死去的白桦树伫立在湖中，如一根根迎风的旗杆。然而，不过百年，水面越来越高，特别是近几年，水位已经上升到了树干中部。乌尔曼不无遗憾地告诉我："曾经，湖面凹陷处卧着一棵干枯的巨松，减缓了水流进湖内的速度。当地政府觉得它不美观，便挪走了。没想到失去阻力后，凹陷的湖面水位加快升高，现在，政府在考虑要不要加一个堤坝，保住这个景观。"

我哑然无语，只听见周遭前来观摩的游客高声呼喊，对着死而不枯的白桦树许愿，声音连绵不绝。

从湖区行驶到阿拉木图市区，得用大半天穿越草原与戈壁。旷野旁的公路上，只有戈壁黄沙为伴。乌尔曼驾驶时小声嘀咕："怎么方向盘越来越重，车子总是往一边歪？"我们下车查看，发现右前轮胎正在迅速漏气，大概是压到尖锐的毛刺，爆胎了。

我俩面面相觑，更坏的消息从他口中传来："车上虽然有备胎，但我弟弟没把千斤顶还给我！"

浮云掠影，日光悠长，我的心情却堪比夕阳旁的绛紫色晚霞，坠得低低的。我呆呆地看着我的红色行李箱，它也呆滞地站在戈壁滩上，发出刺眼的反光。

等了许久，轰隆隆的发动机声由远及近，一辆老式吉普车呼啸着赶来，如同喘着粗气的烈马。乌尔曼将我托付给他草原上的好友木拉提，让我先去木拉提家的毡房休息，自己则暴躁地打电话让弟弟赶紧带足补胎工具来救他。

我临时去住的哈萨克毡房远看像一朵朵生长在绿色草地上的白蘑菇，木拉提将我领进其中一顶，拍拍我的肩膀，笑容憨厚可亲："你放心，俗话说，只要沿途有哈萨克牧民，你哪怕走一年，也不用带一颗粮、一分钱。"

毡房内部远比我想象的宽敞与凉爽。交错的木栅栏构成下部圆形围墙，多根毛柳房杆固定着围墙。内部装饰着彩色毛绒织成的毯子，毯子上满是天鹅与马蹄纹样。穹庐顶部有天窗，因是夏天，上方可活动毡子被叠起一角，用以通风。望着穹庐，国徽上的图案与之重叠，我瞬间明白了毡房对于哈萨克斯坦的意义。毡房底部并不和草地直接接触，这里的地面是用木板铺成的，只要将朝东的木门一关，便自成一方天地。

我以和昨晚同样的姿势趴在铺着地毯的地板上，不禁失笑。从到哈萨克斯坦的第一天起，我的行程就像一匹无法驾驭的烈马，将我甩到哪里是哪里。现在，青草的芳香与舒适的环境如同妈妈抚摸着孩童背部的手，让我不由得安定下来。

恍惚间，我听到毡房外有江浙地区的乡音。我好奇地推开木门出去打探，一位 50 多岁的大哥正打着电话，谈着生意。他忙完后，抬头看到我，第一句话便是："你和我一样，都是从中国南方来的吧！"

我诧异道："这里的哈萨克人也是一张东方脸啊，你怎么一眼就能给出这个判断？"

大哥让我叫他老金，回答我："你待久了就知道了，这里的姑娘英姿飒爽，看上去就不好得罪。"

交谈间，我得知老金是过来做生意的，往返于浙江义乌与阿拉木图。

"义乌可是国际小商品的大本营，听说那里的中东、中亚商人很多。我有点好奇，你的公司卖什么产品到哈萨克斯坦？"

"什么都卖，最热门的货品是袜子、指甲钳、梳子之类的小物件。"

这个回答在我的猜想之外，我追问："和挖矿、挖油相比，这些轻工业制造品听上去没什么技术含量，哈萨克斯坦本地工厂也可以制造吧？为何要从义乌进口？"

"这你就不知道了，制造这些东西虽没有难度，但这个国家缺劳动力啊！

270多万平方公里的土地上，不到2000万人口。单一个上海，人口就比它多。除了几大城市，其余地区的人还在放牛、放马，肯定是从中国进口小商品方便。"言语间，老金给我倒了一杯奶皮子茶，话锋一转，"你看，我在这儿多好，既能赚到钱，又能时不时来一次'牧家乐'！"

口中的奶皮子茶回荡着淡淡的咸甜味，我大笑道："'牧家乐'是什么？"

"咦，你们上海人应该很喜欢农家乐吧？周末去乡下摘摘草莓，摸摸螺蛳。牧家乐嘛，就是来草原住住毡房，牵牵小马。"老金俨然摆出一副在这儿他会护着我的气势，继续说，"晚上7点有篝火晚会，你来吃羊肉，看这里的姑娘用不同的花样骑马！"

哈萨克斯坦的夏日天光很长，晚上7点还是亮如白昼，只是太阳不再将地面炙烤得发烫，微风递送清凉，光线和煦温柔。

一排白色毡房前，几匹骏马轻轻踢着草皮，我与老金坐在一处，矮矮的木桌上放着几块"阿斯客吉利客"（羊后腿肉）。锋利的小刀划过炙烤后酥脆的外皮，滑嫩的红肉迎着刀刃绽开在我们眼前。老金拿起肉咬了一口，立刻请厨师过来，睇他一眼说道："老弟，这羊是结过婚的吧？怎么一股羊膻味呢？我上次吃的可不是这个味道。"

厨师犹自分辩："我又不和羊群睡在一起，怎么知道它们晚上会不会偷偷约会。"嘴上说着，却将盘子收走了。

老金用右手手背轻拍左手手掌，得意地斜过身对我说："你看，这就是牧家乐次数多了的好处！你记住，草原上卖的羊肉都是单身羊的肉，烹饪后不会有任何膻味，如果谈过恋爱，膻味就出来了。你发现味道不对，对厨师这么说，他就知道你是内行，不会糊弄你。"

言语间，一阵欢快的音乐响起，隔壁毡房里传来冬不拉节奏明快的乐声，空地上的年轻男女开始兴致勃勃地骑马作乐。"踢踏踢踏"的快速马蹄声与哈萨克姑娘爽朗的笑声交织在一起，回荡在天边。

年轻人的热情在蓬勃的仲夏夜发酵，姑娘们英气勃发，穿着合体的骑马装，用各种高难度动作在马上闪展腾挪。在她们后面，年轻男子们策马扬鞭，一路追逐，口中还不停地说着爱慕情话，神色轻佻。姑娘们并非不理会，只是任由他们追逐。我才吃了几口羊肉，他们便绕了一圈回来，一个男子一边骑马，一边躲着鞭子，他身后的姑娘毫不留情地挥动马鞭，狠狠地追打"登徒子"。

老金怜悯地摇摇头说："没戏，一看就是这姑娘不喜欢追她的小伙子，若喜欢的话，早就把脸蛋凑上去给他亲了。"

一轮皓月缓缓升空，银光铺地，如一层轻薄的纱，轻轻地将人笼住。草原的夜晚是如此热情与快乐，我忽然有点羡慕能经常来牧家乐的老金。

雪山下的丰饶之都

有人说，旧都阿拉木图的冬天更美——在城市的任何一个角落，都能仰望巍峨的雪山；滑雪场周边的山峦上别墅林立，甚至会让人有一种身处奥地利山区的错觉。

在我眼中，盛夏的阿拉木图也很好，虽看不到山顶的皑皑白雪，却能被温暖的松针香气拥抱。行走在街道上，路旁的参天大树一眼望不到边，处处有绿荫，走几步便是公园。结束一场劳累的旷野之旅后，这座城市是再好不过的休憩地。在阿拉木图的几日，我觉得这座城市像三拼冰激凌球，香草味、巧克力味、草莓味，貌似风味迥异，却恰如其分地组在一起，和谐又可口。

由于经历过一场大地震，城市的风貌不算华丽，精美的丝路古迹在此缺席。城内最知名的建筑是泽尼科夫教堂（又名耶稣升天大教堂），这座泛着奶呼呼的黄绿色的东正教建筑看上去像童话世界里的积木玩具。与西欧盛行的哥特风或巴洛克风格的教堂相比，东正教教堂的外观清新得像个豆蔻少女，娇憨中透着甜蜜。

得益于教堂良好的木质结构，它并未在 1911 年的阿拉木图大地震中彻底倒塌，修复后成为阿拉木图的地标建筑。前往教堂的主要有两类人，一类是如我一般的游客，怀揣着不到泽尼科夫教堂便不算来过阿拉木图的心思前来拜访；另一类人的神色则平静、恳切，他们虔诚地点燃供奉的蜡烛，在金碧辉煌的圣幛前闭目祝祷。

虽然国家早已独立，过往文化的影响仍在哈萨克人民的生活中久久不散。Abay 大道两侧是建于 20 世纪的苏联居民区，一板一眼的建筑很容易让人联想到"冷战"时期的苏联风貌，甚至在一些公园、学校里，坦克、火箭的雕塑仍有着浓郁的军工风。

80 坚戈尔（折合成人民币约为 1.2 元）买一张地铁票，便可从起点坐到终点。这里的地铁一如苏联的地铁建造风格，从地面往下行的电梯深不见底，纵然我不恐高，也丝毫不敢松开扶手。深邃的地下洞穴中，一场艺术的流动盛宴在无形中上演。移动设备的信号早已出走，轰隆隆的列车呼啸着抵达，又在须臾间离去。当我将注意力凝聚在周边时，发现壁画、水晶吊灯、砖雕与马赛克地砖打造了一座地下宫殿的氛围。一位将自己包裹在绿色丝绸长裙中的女士将掐灭的细长香烟扔进垃圾桶，用手指捏着羊皮菱格纹小包的把手，匆匆从我身边走过，站在车门等待处。她所用的香水散发着巴西红柏树的冷淡气息与檀香木的疏离气息，列车进站时的风吹动她的裙摆，看背影，她很像门提斯拉夫·巴甫洛夫画笔下的女主角。

Abay 后一站，从地铁出来便能看到国家歌剧院。听说在这儿观摩一场细腻、动人的芭蕾舞剧只需要支付几十元，现场伴奏的乐队延续着苏联时期的特点。要知道，在阿拉木图吃一顿正餐，人均花费就得100元。我围着国家歌剧院转了一圈，愣是没有找到售票处，只能听到从紧闭的欧式窗户内传出来的花腔女高音。我不死心地打电话询问，歌剧院工作人员的回复简短又无情，击碎了我的心："6月是排练月，没有任何演出！"

城市中最吸引我的地方绝对是位于市中心的绿巴扎。19世纪末，来自哈萨克斯坦东北部的塞米巴拉金斯克商人率先在绿巴扎原址上进行贸易活动。如今，这座百年巴扎浓缩了哈萨克斯坦餐桌上的风味，横平竖直的摊铺整洁到能征服任何一位有洁癖的人。巴扎内，色彩与气味热闹缤纷，午后的阳光穿过透明的顶棚，不仅为五颜六色的食物打上了一层迷人的滤镜，还在地面上切割出阴影和高光。工作人员统一穿着绿色制服，上百种干燥的果实、叶片、鲜花、茎秆被存放在一个个木盒子中，密集又丰富，然而，香料只是诸多商品中的成员之一。

逛了一圈后，我独自坐在二楼的咖啡馆，怡然自得地看着底楼。市场上每个瞬间发生的事情，都传递着生活中的烟火气息。悬挂着腌制牛羊肉与马肉香肠的摊铺前聚集着来自各国的肉食爱好者，大家都认可哈萨克族是最懂得吃肉的民族。短发大妈系着红绿相间的围裙，指导身边的大叔用巨大的斧子处理肉排。大叔的手臂青筋暴起，抿着嘴巴用力劈下去，斧刃发出锋利的银色光芒，毫不留情地划过脂肪肥腴的羊肉。

泡菜、腌豆腐与辣粉丝为巴扎添了一些远东风味，朝鲜族商人说着流利的哈萨克语，占据了市场中的重要席位。

丰饶的天山河谷孕育了香甜的瓜果——苹果、李子、甜杏、扁桃等，它们随着丝绸之路沿线商人的往来，备受欢迎。撒马尔罕的金桃一度作为中亚水果的标杆，令远道而来的欧洲商人心驰神往。走进时光隧道，19世纪，中亚便吸引了不少来自欧洲的丝路探险家，他们首次踏足这片土地时，必然会惊叹于它远比想象中丰饶。

1876年，贾纽埃里厄斯·麦克加汉如此描述中亚的巴扎："踏入集市的阴凉处，刺目的强光消失了。各种香料混合而成的芳香和其他各种宜人的气味涌入鼻腔；人群嘈杂而昏沉的喧嚣如波浪般袭来；数不清的人流、驴马、骆驼和货车令人目不暇接。集市只是一条顶部有遮挡的街道，是非常原始的贸易场所。在狭窄街道两边的墙与墙之间搭起横梁，支撑起距离紧密、覆盖着厚厚尘土的小块木板，这就算是集市的顶棚了。虽然简陋，但这顶棚充分发挥了阻挡热浪和强光的作用。你可以愉悦地呼吸凉爽潮湿、弥漫着香料味的空气，仔细打量一堆堆丰美成熟、让人流口水的水果。集市上有杏、桃、李、葡萄，十数种瓜果，还有只有在中亚才能见到的、难以描述的商品。"[①]

---

① 节选自《沙漠与餐桌：食物在丝绸之路上的起源》。

第四章

卡塔尔

沙海里的珍珠与玫瑰

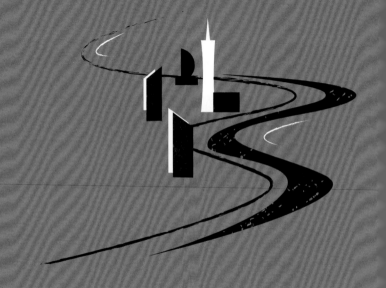

海湾里的珍珠守护者

我清楚地记得 2006 年多哈亚运会开幕式中的一幕——

体育场灯光熄灭，数百名身披黑纱的阿拉伯女舞者手举巨大的棕榈树叶，赤足缓缓踏入场地中央。她们面容肃穆，眼里闪烁着泪光，仿佛在等待着某个重要的仪式。在她们身后，地面上，特效灯光渐渐亮起，场地泛起蓝白色的光芒，仿佛她们正步入大海之中。在现场冷静的口号声中，舞者们开始用棕榈树叶猛烈地击打地面上出现的惊涛骇浪，一边击打，一边高声歌唱：

雪白的海洋狂涛汹涌，

如雪的风婀娜起舞。

梦中的幻象，我见到了远航的帆船。

船上英勇的水手，

是我追逐的星辰。

月儿拱照，万籁俱寂，

红锚、红浮标，唤来宁静祥和。

波涛翻涌，微风袭来，

我心爱的人，他潜匿在幽深之处。

凄美的歌声似风中残烛般悲怆，在开幕式热烈、欢庆的气氛中，这段沉静又神秘的表演显得格外突兀。彼时，现场，观众席鸦雀无声，只有场地中央舞者们哀悼的呜咽声、浪涛的轰鸣声，以及棕榈树叶击打地面时所发出的阵阵破裂声。

当时在电视机前观看演出的我完全无法理解这一壮观场面的寓意，除了疑惑和震撼，我所能记得的只有解说员在漫长的沉默后说出的一句话："她们在悼念因出海采珠而逝去的丈夫。"

这就是我对卡塔尔最初的印象：一场体育比赛、哭泣的女人、为采集珍珠而逝去的男人、蹬马腾空点燃火炬的阿勒萨尼王子。我对它知之甚少，甚至在我读到的媒体文章中，卡塔尔通常也只是简单地被物化为金钱、石油。它和深藏于波斯湾的其他国家一样，是低调、隐秘、模糊不清的。

因此，当我在多哈亚运会举办 13 年后，首次因公到达卡塔尔时，我感受到了消失许久的关于旅行和发现的兴奋感。碎片化的记忆，使我对卡塔尔没有预想；旅者们较少踏足，并无过多的旅行经验可供参考……种种契机，让我能有机会去探索自己和这片陌生土地间的私人情感联系，而非不断去验证前人的观察。

坐上接待方安排的车辆，我从机场前往市区。途中，中方的工作人员小欣耐心地为我介绍往后几天的行程安排。"意外之事在卡塔尔并不存在，"她微笑着指着行程单上的安排，"但你会一直被惊喜包围。"

车窗外，周一清晨的多哈显得拥挤、繁忙，公路上的汽车和摩托车交错前行，互相比拼着速度。尖锐的喇叭声和低沉的引擎轰鸣声交织在一起，穿插着响彻全城的宣礼声，如同一段迎接我们到来的交响乐。在我去过的所有阿拉伯国家中，我都能在路上看到这熟悉的画面，人们在交通道路上追求着自由，就如同他们的游牧民族先辈们在茫茫草原上策马奔腾。聚拢的群鸽翼翼飞鸢，掀起扬尘如白日飘雪。在波斯湾袅袅的水汽包裹中，眼前低矮的乳白色居民楼群在阳光下闪烁摇曳，如同燃烧的蜡烛。飞抵波斯湾上空时所见的碧蓝天空，此时变成了淡黄色。"这是从西部沙漠飞来的沙尘，"小欣注意到了我的疑惑，"每日清晨的西风，都会给城里带来大量的沙尘。"卡塔尔半岛三面环海，但陆地几乎全是荒漠。沙漠和大海，有着相似的广袤，以及无尽的空阔所带来的孤寂与柔软，我不禁好奇这是否也是卡塔尔人的性格。

逐渐接近市区，我眼前出现了一处新月形的海滨。沿着漫长、蜿蜒的海岸线，市郊低矮的楼房突然消失，一座座造型奇特的摩天大楼拔地而起。在吹过的风沙中，海滨若隐若现的多哈现代天际线就如在沙漠中闪现的海市蜃楼，雄伟壮丽。然而，此时我感受到的多是不真实，而非震撼。因为仅仅在半个世纪以前，这里还只是一座尘土飞扬的小渔村。

除了高楼，这里也遍植在沙漠之国并不多见的绿树。黄绿相间，水天一色。对于像我这样的旅行者而言，这些绿树可以很好地充当海洋、城市与沙漠之间的视觉缓冲。而对于生活在沙漠之国中的卡塔尔人而言，这些绿树是财富与地位的象征。"在卡塔尔，绿树越多的人家，社会等级越高。"小欣手指海滨的方向，这里是现代多哈的地标，也是来访者对卡塔尔的第一印象。

此时，烈日当空，绿树在耷拉着枝叶沉睡，这唤起了我长时间飞行后的疲惫和睡意。骄阳炙烤着大地，我瞄了一眼车内的显示屏：户外温度48℃。

住进毗邻海湾的酒店，醒来时已是傍晚。白日的酷热退散，我走入海滨大道闲逛，享受着波斯湾的海风吹过脸庞时的宜人舒适。面对着落日的方向，我眼前的波斯湾在水汽和沙石交织中呈现粉紫色。日光跌进璀璨星河，余晖弥漫，城中的喧闹声也变得如乌德琴的弹奏声般悠扬动听。白日在家中避暑的多哈人，也在此时纷纷走出家门，涌入海滨和城内的街巷中。望向海湾，有人在操控着单桅帆船，在海浪的起伏中追逐着最后的日光；披着长袍并肩散步的夫妇，带着一丝拘谨的甜蜜；追逐嬉戏的孩子们，还未被贴上有关宗教和宗族的标签，他们是如此纯真烂漫。在接近伊斯兰艺术博物馆的一个广场上，我被一个巨大的混凝土雕塑吸引：一个蚌壳大大地张开，里面藏着一颗浑圆的珍珠。这具象的表达就如一道闪电般击中了我的思绪，我突然回忆起13年前从寂静里飘来的那句震撼人心的解说："她们在悼念因出海采珠而逝去的丈夫。"此时此刻，我视野里和记忆中的画面交织在了一起，如藤蔓般纠缠，拧合成一个强大的疑问："珍珠对卡塔尔而言意味着什么？"

"这是卡塔尔人曾经赖以生存的唯一经济来源。"小欣的回答漫不经心，她无数次经过这座雕塑，每次都需要向旅人介绍珍珠的故事。

"我知道卡塔尔因为石油而富裕，但几乎没有听说过它的珍珠。"我惊讶地表示。

"因为大概从 20 世纪 20 年代起，珍珠采集行业就几乎在卡塔尔消失了。"

"为何会消失？"

"他们发现了石油，养殖珍珠的价格也更亲民。"

"现在还能看到卡塔尔珍珠产业的痕迹吗？"

"可以，但已经所剩无几。"

跟随小欣的指引，我把海洋抛在身后，走向不远处的人流会集处——瓦其夫市场。作为卡塔尔最古老的阿拉伯市集，瓦其夫展示着多哈现代外观之下对于历史和文化传承的态度。我们在熙熙攘攘的市场中穿行，仿佛置身于《一千零一夜》的阿拉伯故事中。一条宽阔的步行路串联起市场的东西两端，路的两旁是密密麻麻的手工艺品商铺，阿拉伯琉璃灯、弯刀、布匹、瓷碗、印度手镯、动物毛皮、各种香料……这里售卖的都是在古代丝路沿线城镇常见的交易货物。一位身着传统印度服装的手镯匠人手握小锤子，正坐在地上打磨着一件银器，叮叮当当的声响，仿佛是古阿拉伯商人与印度商人相遇在波斯湾浪涛上时给彼此的问候声。商铺的后面有着迷宫般的街巷，砖石铺路，两侧尽是土黄色的石灰墙，点缀着镂空的八角形花纹。道路蜿蜒曲折，像蛛网一样形成了巨大的贸易市集。

我们随意走入一条巷子。身着白袍的两位少年与我擦肩而过，他们的手腕上各站立着一只鹰隼——这是卡塔尔男人最愿意为之一掷万金的财富象征。沿街会客厅中的男人们正在抽着水烟聊天、下棋，烟雾中安静地走过一位少女，面容清秀，发丝随着微风起伏。相比于在其他伊斯兰国家，在卡塔尔，女性在着装方面有着更多的自主权，她们可以在公众面前展示自己的秀发，也能从容地露出自己的微笑。商店中的手工艺人们并不热衷于在人群中招揽顾客，只顾着在屋内安静地精雕细作，而其手工作品，以及乌德琴、动物标本、沙瓶等物品，被随意地放置在户外。

走过人群，在鹰隼医院附近，小欣示意我停下。她的身后有一个小小的店铺，即使是和瓦其夫市场中其他狭小的店面相比，它也显得低调和毫不起眼。

然而，在我踏进店内的瞬间，一道明亮的光芒突然闪现，就如相机的闪光灯闪了一下。在我眼前，是众多的珍珠饰品，它们在灯光的照射下闪烁着令我眼花缭乱的光彩，店主的面容也让我感到无比熟悉。

"你应该在飞来多哈的航班上见过他。"小欣试着帮我回忆。

"啊，我记得！你是航空公司多哈宣传片中的形象代表！"

店主抬头对我微微一笑，表示赞同，然后继续低头专心地检视手中的一串珍珠项链。和市场上的大部分店主一样，他全神贯注在自己的商品上。这位店主的全名叫 Saad Ismail Al Jassem，他经营的这家珍珠商店深受多哈当地人的欢迎，是卡塔尔唯一一家没有品牌标识的传统珍珠饰品店。此外，他还拥有一个备受瞩目的身份：卡塔尔官方认定的在世的最后一位采珠人。

和其他卡塔尔人一样，Saad 的远祖是生活在广袤内陆沙漠里的贝都因游牧民族的一员，在陆地的荒芜之中，他们很早就学会了把对生活的期待寄托在不远处更为广阔的海洋上。他们驾船出海，偶然发现的海洋珍珠让他们首次参与了世界范围的交流——阿拉伯地区的商人把珍珠带往两河流域，送向红海和地中海，输往印度洋和东亚。这条珍珠贸易的路线，完整地覆盖了古代陆上和海上两条丝绸之路。我记得在《魏略·西戎传》中，曾提及大秦（古罗马帝国及近东地区）的属国"且兰、汜复直南，乃有积石，积石南乃有大海，出珊瑚、真珠"，并讲述了大秦会与安息诸国（古波斯地区）在海上交易珍珠，指的正是卡塔尔波斯湾一带的采珠与贸易活动。

从珍珠中获益的贝都因人，逐渐由逐水草而居的沙漠守护者变成了海岸线上的定居者。但在 20 世纪 20 年代到 40 年代，随着石油、天然气成为卡塔尔快速崛起的主要收入来源，以及全球养殖珍珠技术的迅猛发展，国际珍珠市场的价格直线崩溃，在卡塔尔海域延续了数千年的采珠行业逐渐消失在了波斯湾的碧涛之中。

我随手拿起身旁的一串珍珠项链，每颗珠子都圆润规整、洁白无瑕，如元好问笔下清晨"打遍新荷"的雨滴。这无疑是养殖天然珍珠才拥有的完美外观。每颗珍珠都散发着微弱的光芒，温和而不张扬。借着反光，我能在珍珠表面看见自己模糊的身影，也仿佛能看见最初将它植入蚌壳的工人的脸庞。

"这些珍珠来自中国吗？"我小心翼翼地试探性询问。

"是的，它们来自中国。"Saad 沉静的脸庞上出现一丝惊讶。

"我的家乡也有很多珍珠，欧洲和中东是主要的出口地。"

Saad 放下了手中的项链，从柜台下的抽屉里拿出了几颗他本人珍藏的野生单珠，说："这几颗珍珠，还有店里的大部分首饰，都来自中国。"

我了解到，它们来自我国的长江流域，尤其以浙江、湖北、江苏为主。采集到的养殖珍珠会被运送到浙江诸暨，那里是华东的珍珠集散中心。

我静静地看着眼前随意中带着秩序堆放着的珍珠饰品，思绪如散落的珍珠，不停地跳动。

在我的记忆中，儿时的清明节总是带着江南初春的潮湿和阴冷。这节日不仅关于祭拜故人，在忙完新鲜竹笋采摘后，农妇们会相聚于村中的祠堂，一起"种植"珍珠。这座祠堂位于我的家乡——浙江兰溪，名为陈氏祠堂，中空有天井，四周白墙黛瓦，一直是村中居民的聚集地。在朝南的一侧，有一个 10 平方米的高脚戏台，它厚实的樟木台面已经在百年里被轻盈的脚步踩上了岁月的痕迹。每逢春节，戏台上会上演几出婺剧，它们划定了我儿时认知的人情世故与世界的边际。舞台的正上方镶嵌着一盏圆形的琉璃玉灯，在阳光下，乳白色的玉灯会发出微黄的光芒，如一颗巨大的珍珠。村中无人知晓它的来历，每被问及，村中的老人总是摆摆手敷衍着说道："它一直在那里啊。"如今，琉璃玉灯已被取下作为文物保管，留下了一个暗灰色的圆形空洞。

在种珠的日子里，村民们会在天井中密密麻麻地摆上长板凳。每条长板凳前都有一个扁圆形的竹篾容器，上面放置着一个小瓷盆，里面盛有众多直径 2 毫米左右的圆形珠体，瓷盆周围则堆放着手掌大小的珠贝，像是一座小山丘。现代养殖珍珠，需要人工将这些珠体植入珠贝。外界质体介入后，贝类会分泌出珍珠质，层层包裹珠体后形成赘生物。珠贝会在水中生长数年，甚至长达 20 年，赘生物会日久成珠。种珠时，两人一组，一人用小木片微微撬开贝壳，另一人快速地用镊子夹起 4～5 颗珠体放入珠贝，而后轻轻合上，将蚌壳放入身旁盛满水的木桶中。两个人之间的配合通常无比默契，一来一往的瞬间，珠贝就完成了开合。我曾嬉闹于工作的人群中，也曾无数次从冰冷的水桶中捞起珠贝。在我的手中，珠贝十分滑腻，它似乎急于逃离我的掌心。但在农妇的手中，它们就像是突然长出了吸盘一样，牢牢地停留，任其开合。

种珠工作持续几分钟后，天井中就开始弥漫贝类的咸腥味。直到如今，每每看到珍珠，我就仿佛能嗅到湖水的气息。村妇们围坐在一起，一边劳作，一边聊着家常，欢声笑语。片刻工夫，身旁的水桶便盛满了黑褐色的珠贝，咕咕地冒着气泡。男人们围坐在天井周围，一有水桶盛满，便会有两人起身，将水桶抬到祠堂外的空地上。在那里，被植入珠体的珠贝会被塞进长条网兜，送到养殖的水域中。工作时，数十人抬起足足有20米长的网兜，齐声吆喝："一二三，起！"便将网兜抛入湖中的特定区域。接下来的工作，就全部交给时间和运气。

近百人的天井里，我眼前一双双在空中起伏的双手，就像是五线谱上的音符，她们在弹奏一首美妙的协奏曲。正值清明，人们祭奠先人后，湖中的珠贝也开始在体内孕育珍珠的生命。

村妇们弹奏的这首曲子有关生命的轮回和更替，是普通人在日常劳动中形成的淳朴的情感纽带。珍珠穿线成宝物，邻里为伴，打磨着自然送上的礼物。

Saad 店内的这些中国养殖珍珠光泽温润，颗粒饱满，它们被放置于白布上，我能看到它们表面近乎金属的质感。在如今的卡塔尔，珍珠已经完全替代了瓷器和丝绸，成为中国与阿拉伯地区之间的新丝绸之路上的主角。考虑到卡塔尔曾经是波斯湾海珠最大的出口国，店里的这些珍珠倒有种回乡溯源之感。我随意拿起一颗，不禁好奇，赋予它生命的那双布满皱纹的手是否属于我的同乡，它是否能听懂我的乡音，就像在它生命的最初阶段，围绕在它身旁的那些劳动之歌一样。

"这里有你最珍视的珍珠吗？"

听我说完家乡的珍珠养殖故事后，Saad 对我的态度由淡漠变成了同行般的惺惺相惜和热情。他迟疑了几秒，拉开抽屉，手伸进去片刻后抽出，张开手掌，掌心放着一颗浑圆的金珠。作为曾经的采珠人，Saad 对珍珠的品质有着独到的判断眼光。这颗金珠有着养殖珍珠一般的圆润和体量，同时拥有海洋野生珍珠经过漫长的海水浸润才能形成的温润光芒，我惊讶地瞪大了眼睛。

金子般的颜色来源于珠贝生长海域中的致色金属离子。在儿时家乡珠贝的收获季节，发现一颗金珠，是村民们日后漫长时间里茶余饭后的谈资，也是金珠主人于节庆饭桌上在宾客面前侃侃而谈的骄傲。尽管 Saad 每日在店内面对如此多的养殖珍珠极品，他也依旧在抽屉里珍藏着海洋中的野生珍珠。我想，它们曾是 Saad 在寂静、黑暗的海洋中所寻找的生存之本，代表着他人生最早阶段的记忆。

望向 Saad 身后的墙壁，一张黑白的半裸照片让我大感好奇，那是年轻时候的 Saad。"那时我刚 20 岁出头。"Saad 跟随我的视线看向照片，骄傲又腼腆地说道。照片中的他目光炯炯，黝黑的肤色下是一身壮硕的肌肉，这是在采珠时与海水、岩石相对抗所形成的自然力量。一头卷曲的黑发如今被深藏于头顶的白纱之下，想必这是年轻的 Saad 在日复一日的劳动中为数不多的对于时髦的追求。在被迫离开采珠行业后，Saad 做过健美运动员、演员，眼前的这张照片是他当年的试镜代表作品。他精通阿拉伯语、英语、意大利语和印度语，也写过诗歌。年少时并未实现演员梦，但在半个世纪后，Saad 成为卡塔尔航空宣传片的形象代言人之一。

"这是我一生钟爱的事业。" Saad 的语气坚定。

我问他是否想念以前采珠的生活。

"我不想念身体上的疲惫，但我想念我的伙伴。"

和先前我以为的海洋采珠主要依靠独立作业不同的是，只有进行团队配合，采珠人才有更多的生命保障。

"你注意到停留在海滨的那些帆船了吗？"狭小的店内并不容易分清东南西北，Saad 东张西望，判断着海港的方向，"那就是我们集体出海的工具。"

我回想起刚才漫步海滨时，在珍珠雕塑旁的多哈老港里，确实停着一排单帆帆船。方才路过时，几位游客正在登船出海，游览多哈壮观的天际线——这也在我后几日的行程之中。这些单桅帆船如今只供游客出海游览使用，但于我而言，它们是卡塔尔高速发展过程中浪漫和异域的代名词——徜徉在平静的波斯湾，能从现代回望过去。不过，在 Saad 的记忆中，它们与浪漫毫不相关，只与辛劳与生死相关。

　　过去，在 6 月到 9 月的夏季，Saad 会跟随船队前往生长珠贝的海域，一次出行持续数周。出发时，多哈城内的人们会齐聚在如今的老港附近，男人们歌唱击鼓、挥旗呐喊；女人们相拥祈祷，默念自己的父亲、丈夫、兄弟平安返回。作为曾经唯一的经济收入来源，Saad 所代表的采珠人是所有多哈人心中的英雄。每条帆船上，除了船长、采珠人、助理，往往还会有捕鱼和做饭的杂役，每个人各司其职，有着极为成熟的分工体系。Saad 牢记祖辈的教诲，根据水流情况与海水颜色判断海域的安全系数，在茫茫大海中寻找牡蛎。波斯湾水流缓慢，海水深邃幽暗，寻找珠贝需要极大的耐心和毅力。一旦发现合适的区域，Saad 会快速地先在腰间裹上缠腰布，双手戴上羊皮手套，再将一条粗麻绳的一头绑定在船上，另一头绑住自己的一只脚，双手抱住一块小岩石。这是一种近乎自杀式的捕捞方式，因为没有现代化的潜水装备，所以只能随着石头沉入海床。Saad 需要潜至水下 10 米左右，憋气长达一分半钟，迅速地用弯刀将牡蛎和珠贝从岩石上撬起，放入挂在脖子上的绳袋里。完成以上操作后，他会拉动麻绳，留在船上的助理就会立即将他拉回水面换气。整个过程干净利索，容不得一丝闪失。

　　这些单帷帆船不仅见证着卡塔尔的崛起，更记录了这片土地上普通人的付出和奋斗。

　　"我最喜欢采珠季的夜晚。"突然，Saad 若有所思地说道。

采珠季的夜晚，Saad 会和其他采珠人围坐在船上，一起撬开采集到的牡蛎，借着月色和摇曳的油灯摸索珍珠。下潜、回船、撬贝、再下潜，这是 Saad 在炎热的夏季最为熟悉的生活节奏。时间的流逝对于年少的 Saad 而言毫无意义，茫茫大海中，他有的是时间。

父亲深潜海底，

释放珍珠光彩，

手掌起了茧，

脊背弯曲如风帆。

……

Saad 轻声歌唱，歌声婉转悠扬。出海季节漫长的夜晚，Saad 和其他采珠人一起思念着家乡，他们在孤寂的深夜中唱响了众多流传于今的海洋民谣。卡塔尔的文化与大海和珍珠强相关，这些海洋民谣，Saad 会在跃入深海之前唱起，会在捞珠聊天时唱起，他们唱出满天星斗，在惊涛骇浪中借着海风向家人传递平安的讯息。当船队回到港口时，宗族里的女性会齐聚在岸边，拍着手歌唱寻找珍珠的过程，就和 Saad 在大海中所唱的一样。

Saad 随船队回到多哈港口后，船队采集到的珍珠都会交由贝都因酋长看管。待到良辰吉日，阿拉伯商人们会从四面八方赶来瓦其夫市场，争相竞拍这些来自深海的宝贝。拍下的珍珠，按照色相、大小和色泽被分类，并跟随阿拉伯商队抵达地中海各国、印度和中国。在卡塔尔采珠业完全消失之前，来自波斯湾的珍珠几乎全是来源于大海的野生珠，一直被视作交易中的珍宝。

卡塔尔深入波斯湾一角，连接着美索不达米亚平原和西印度群岛，沟通了阿拉伯海和中国南海，自然地成了古代海上丝绸之路中波斯湾地区重要的商贸中转地。巩珍便在《西洋番国志》中记载了来自波斯湾地区的众多大颗珍珠。往返波斯湾和东亚的商船上，珍珠、丝绸、瓷器、香料等物多如海中的浪涛和夜空里的繁星。可惜的是，即使卡塔尔的珍珠在汉唐时期已经随着往来阿拉伯和中国南海的商船出现在了我国古代皇家贵族的首饰上，但是由于流入民间的珍珠过少，普通民众鲜有耳闻，民间没有留下过多的记载。来自卡塔尔的珍珠，在瓷器和香料的光芒中，显得黯淡了不少。

我知道，Saad 向我展示的这颗滚圆的海洋珍珠来之不易，需要对上千只珠贝进行筛选，甚至是以采珠人的生命为代价，才能得到宝贵的几颗珍品。Saad 此时言语间略显低落，他是否在回忆曾经一起采珠的同伴？他们中的某一位，是否就失去了跟随船队返航的机会，永远地留在了深海之中？这些过往，我不得而知。

一直致力于在世界面前展示积极形象的卡塔尔王室，竟然愿意在盛大的亚运会开幕式上让卡塔尔人集体为采珠人悼念，想必采珠人深埋于海底是曾经极为频繁发生的悲剧。

13 年后，我终于理解了黑纱舞者们的悲恸与愤怒——这是卡塔尔人集体性格中柔软多情的一面。采珠人每一次投身大海，都在为卡塔尔铺就前行路途上的砖石。现代化的快速崛起中，他们在用自己所擅长的口述历史，奋力保留祖辈在海洋中的文化记忆。Saad 或许就是千万波斯湾珍珠守护者的代表，孤独地驻守着时光的大门。门的背后，翻涌着面向大海的自由、好奇与财富。

依依不舍地和 Saad 告别后，我没有过多地留恋瓦其夫市场的异域魅力。匆匆穿过来时的街巷和喧闹，我几乎是一路小跑着回到了停着单桅帆船的老港。

在船夫下班前，我乘着最后一班小船驶入月牙形的海湾。帆船前行的尽头是海湾的最东端，那里是多哈的现代化高楼群，埃米尔（卡塔尔人对国王的尊称）的半身头像在黑夜里熠熠发光。他引领着卡塔尔人前进，在所有的媒体宣传中，他总带着含蓄、和善的笑容。在我身后，是巨大的蚌壳雕塑，它面向海洋，仰视着对岸的高楼群和高楼上绘制的埃米尔巨幅头像。传统的记忆和现代的作品交集在我身处的这片海湾中。浪涛温柔起伏，头顶繁星点点，我仿佛听到了 Saad 在黑夜中寻得好珍珠时兴奋的叫喊声，似乎能看见来自东方的巨大商船徐徐靠近，老港上的贝都因人握着火把默默相迎，他们的手中，都提着一桶闪亮的珍珠。

迎着清晨的微风，我在第二日重返老港。走过珠蚌雕塑，我继续前行，路的尽头是一座在云雾中闪着粉红色光芒的建筑。

昨日飞来多哈时，我在飞机降落前透过舷窗往下看，在多哈湾令人震惊的摩天大楼天际线之间，有一座小岛通过步道与城区相连。远远看去，它像极了项链上的一颗红宝石吊坠。在波斯湾清晨的水汽中，整个小岛都透着淡淡的粉色。小欣说，岛上的主体建筑是一个博物馆。此刻，我站在它的下方仰望，穹顶的两扇大玻璃窗黝黑、深邃，就如同两只眼睛。除此之外，建筑通体是土红色的巨大石灰岩，包裹着内部的一切，充满神秘感和私密性。无论我往哪个方向移动，这两只"眼睛"似乎一直在注视着我，这让我不由得心生一股压迫感。这像极了卡塔尔人的待客之道：好奇又拘谨。

"这就是面纱少女，卡塔尔引以为豪的伊斯兰艺术博物馆。"小欣满脸自豪，"对了，千万不要错过镇馆之宝哦。"

步入博物馆，神秘的外观退去，呈现在眼前的内部空间竟是如此开阔和通透。形如阿拉伯男士头纱箍环的巨大环形坠灯如瀑布般从穹顶落下，而穹顶那几何形状的铺面如神秘的黑钻石。站在中庭，我的眼前是一面从一楼延伸到顶楼的玻璃幕墙，波斯湾明亮的阳光肆意地投入，让博物馆内部通透且轻快。透过玻璃幕墙，可以看到波斯湾的碧海白沙，几位游客正坐在幕墙前的沙发上休憩。阳光温柔，这里有着任何一个地中海小镇都有的明亮和闲适。环顾四周，内饰温暖的色调让我很快忘却了外部的喧嚣和拥挤。

"面纱少女"由贝聿铭先生设计。当年，收到卡塔尔政府的设计邀约时，贝聿铭先生已经封山退隐，但是卡塔尔政府给出了极为慷慨的创作支持，包括为贝聿铭先生设想的博物馆选址打造一座人工岛。已是90多岁高龄的贝聿铭先生被卡塔尔政府的诚心打动，亲自前往突尼斯、埃及等地考察了几个月，深入了解伊斯兰建筑风格并潜心研究穆罕默德的理论后，最终让"面纱少女"在海中诞生。由此，"面纱少女"成了贝聿铭先生真正的封山之作。

博物馆中收藏着迄今为止世界范围内最全面的以伊斯兰文化和艺术为主题的艺术品，横跨7世纪到19世纪——涵盖了波斯湾地区在古丝绸之路上与北非、中亚、东亚、南亚和欧洲思想文化交流的巅峰时期。

攀上延续3层楼的环形楼梯，走过众多熠熠闪光的金银珠宝，在一个灯光昏暗的展厅内，我见到了这个被人反复提及的宝物——一个略显单调和粗糙的白瓷碗。碗体宽厚，深腹大口，极为厚重。圆形底部向外延伸的侧壁上，依稀可见上釉时残留的隆起。弧壁曲线平整，直直地伸向碗口。胎质色泽呈现暗黄色，点缀有黑色斑纹。乍看之下，它与中国古时人们所追求的优质瓷器要达到的"声如磬、白如玉、薄如纸、明如镜"的标准相距甚远。如果产自同时期的中国，这个瓷碗大概率会被人们丢弃。

在瓷碗圆底的弧面上，写有一行钴蓝色的阿拉伯语。小欣向我解释："人类的一切努力，都不会是徒劳。"

这个瓷碗诞生于9世纪的伊拉克，正值唐王朝与西方国家开展贸易和文化交流的巅峰时期。和古代西方世界的其他地区一样，波斯湾对来自中国的瓷器并不陌生，瓷器、丝绸与茶叶是世界对中国财富最早的认知。在晚唐五代时期，瓷器就已经作为来自中国的奢侈品，大量地通过海上丝路从中国泉州、广州来到波斯湾地区。在欧洲大航海时代开启之前，沟通中西的蓝色交流之路上的主角，恰是曾被西方人认为不善水事的阿拉伯商人与中国商队。

阿拉伯商人满载瓷器、丝绸、茶叶的商船从中国南海出发，途经印度尼西亚和西印度群岛，装上香料和木材，在波斯湾停留、卸货，来自亚洲的珍奇宝物从这里流向地中海沿岸、欧洲大陆、中亚和北非。

当西方世界的人们开始抚摸丝绸、闻香庆贺时，商船从波斯湾出发时满载的珍珠也已作为海中珍宝成为东亚和南亚权贵的地位象征。从波斯湾流向中国的商品中，珍珠、宝石、玻璃器具是主角。巩珍在《西洋番国志》中记载："忽鲁谟斯（今霍尔木兹）其处诸番宝物皆有。如红鸦鹘（红宝石）、剌石（玫瑰色宝石）、祖把碧（绿宝石）……大颗珍珠……"10 世纪，阿拉伯旅行家麻素提在《黄金草地》一书中也提到，唐代，中国海船已经到达了波斯湾的西拉夫和巴林岛，甚至可以继续北上，开进幼发拉底河口，停靠于巴士拉港。

沿着古代商队前行的路途，往返于中国与西欧的中欧班列如今呼啸着奔驰在欧亚大陆上，波斯湾依旧是这条现代贸易之路的枢纽。中国的家电、纺织品由此被输送至欧洲国家，来自阿拉伯世界的能源与商品也更迅速地出现在中国市场上。古人的航海冒险虽已不再，但丝路依旧热闹非凡。

小巧的珍珠和脆弱的瓷器，曾沟通的是一条波澜壮阔的中西文明商路。相向而行的中国船队和阿拉伯商队，或许也曾在某一片海洋上相遇。他们挥手致意，互道平安，随后各奔前程，驶向遥远的目的地。

我眼前的这个白瓷碗，是当年的伊拉克陶瓷工匠，抑或是整个伊斯兰世界的陶瓷工匠，在丝路交往过程中对中国陶瓷艺术的尝试和模仿。几代人的努力或许只带来了失落与不甘，但是这句写于碗底的豪言壮语，不正是古丝绸之路带给人类的最大宝藏吗？不正是 Saad 用一生在珍珠采集与养护中所寻求的坚持吗？

丝路上的绿洲、城镇与港口，人们在一件件偶得的货物中看到了更为广阔的世界。无数商旅和文化使者穿过山河大海，在彼此的文明中汲取灵感和智慧。我完全无法想象，眼前这件虽然简陋，但是几乎已经达到当时伊斯兰文明最高陶瓷技艺的作品，经过了多少本地瓷器的迭代，曾是多少工匠一生追求的完美，它陪伴了多少手艺人多少个日夜，又饱含着多少手艺人的心血。

从游牧民族到乘船破浪，从阿拉伯海到遥远的东方，从坚守传承到改变自我，卡塔尔和伊斯兰世界在丝路上的不断思考、努力和融合，如今看来都没有成为徒劳。持之以恒地追求美好，正是这个白瓷碗和无数珍珠给予我们的跨越时空的启示。我为之深深感动。

努力盛开的沙漠玫瑰

和"面纱少女"轻声告别后，我们驱车一路往西。土黄色的沙石淹没了蓝色的碧涛，在一丛棕榈树的掩映中，我瞥见了一个巨大的黄色圆盘。

"那是什么？"我凝视前方，感到十分惊讶。

"那是'沙漠玫瑰'，卡塔尔的国家博物馆。"

在正午的阳光中，博物馆顶部巨大的花瓣穹顶层层叠叠地弯曲延伸，闪耀着杏黄色的光芒，就像无数香槟玫瑰在此盛开。步入博物馆广场，3层楼高的"花瓣"在我眼前连绵起伏，一直延伸到远处的波斯湾。每一片花瓣都是巨大的圆形，刻有斑驳的花纹，弧度优雅，边缘锋利，直直地插入建筑物的主体。绵延起伏的造型，看上去既像是不远处沙漠中的沙丘，又像是波斯湾中的浪涛。这座诞生在荒芜沙漠中的后现代主义风格建筑，设计师是我非常喜爱的让·努维尔。建筑外观的整体造型是所有阿拉伯贝都因人都非常熟悉的沙漠玫瑰——沙漠中的矿物质结晶，形如玫瑰，大小各异。

沙漠玫瑰在最严酷的大漠中绽放，极其美丽，彰显着卡塔尔人在一无所有中崛起的勇气和奇迹。

一位身穿白袍的阿拉伯男子从我眼前走过，玫瑰花瓣满含异域风情和科幻感。

我抬头环顾四周，在一片花瓣的背后，有众多起重机在忙碌地工作着。它们的旁边，是即将诞生的高楼框架。

"那是卡塔尔的教育城，莫扎王后的项目。"小欣不止一次地提到这位传奇的卡塔尔女性。

"卡塔尔人很尊重莫扎王后吧？"

"是的，她在国际上的影响力甚至要超过埃米尔。"

"为什么？"

"因为她让卡塔尔的年轻人有了接轨世界的知识和技能，从而逐渐摆脱无限消耗自然资源的桎梏。尤其是卡塔尔的女性，她们视莫扎王后为自己的人生楷模。"小欣注视着从我们面前走过的一位卡塔尔女孩，"你记得莫扎王后在公众面前的穿着吗？"

"印象非常深刻，高贵、优雅、开放。她似乎在有意削弱服饰对卡塔尔女性的束缚。"

"是的，西方媒体对她的审美与形象有着高度的评价。你看，卡塔尔女性在着装上非常时尚和自信。"

"为何莫扎王后会如此重视和强调年轻人的教育和国际性呢？"

"我想，这来源于她的人生经历吧。"小欣一脸崇拜。

我想起飞来多哈的途中曾读到的这位传奇王后的故事。

莫扎王后是囚犯的女儿，年少时与父亲一起被流放科威特。莫扎独立、克制、坚强，她积极求学，用学识改变着外人对她的阿拉伯平民女性身份的偏见。因为学识为自己带来了机遇和视野，让阿拉伯年轻人免费接受世界一流的教育，并拥有国际化的审美成为莫扎的奋斗目标。

我眼前的教育城和博物馆，正彰显了莫扎王后毫不隐藏的野心和欲望。

嫁入卡塔尔王室后，莫扎王后协助丈夫哈马德发起了一场震惊国际的政变，推翻了卡塔尔专制的埃米尔哈利法——哈马德的亲生父亲，曾下令流放莫扎一家。逆袭成为卡塔尔的统治者后，莫扎在流放岁月中曾目睹的人性黑暗与海湾国家在发展中遇到的阻碍促使她在卡塔尔进行了一系列令人耳目一新的改革：时尚、教育、艺术、科技、投资、慈善。这些深深烙印着莫扎本人的喜好和审美，曾经离传统、保守的伊斯兰国家非常遥远的改革，让卡塔尔转身成为波斯湾地区最具活力的国家之一。

我心想，莫扎王后本人不就是一朵绽放在残酷中的沙漠玫瑰吗？

"我听说，莫扎王后已经为卡塔尔建起了众多知名的大学？"

"没错。这可能是除了世界杯，最让卡塔尔人齐心协力的项目。"小欣指着不远处的一片白色建筑群，"都是全世界最优秀的高等学府的分校，包括很多常青藤院校，全球的学生都可以免费就读。"

还未到进入博物馆的预约时间，见我对教育城很感兴趣，小欣建议我们前往参观。

尽管这几日已经习惯了多哈城的当代建筑给我带来的震撼，但是一踏入教育城，我还是能感受到和城区截然不同的精神面貌。在我眼前，原本是沙漠的土地上，矗立着众多凝结天马行空的想象力的建筑。它们形如一本翻开的书，如一片漂浮在水面的树叶，如镂空雕花的玉石首饰……我仿佛掉进了通往爱丽丝仙境的树洞，眼前的景致难以言喻。它们像竹笋一样破土而出，在拂面的热风中蓬勃生长。除了建筑，教育城内最为不同的是往来其中的人。多哈城内的居民大多身披白袍，戴着头纱，和任何一个伊斯兰国家的居民没什么两样。然而在这里，人们在衣着上尽情地展示着自己的个性：踩着滑板的少年顶着乌黑的爆炸头，身着牛仔夹克和短裤，滑板鞋是新出的设计师全球限量款；秀发飞扬的少女手提名牌包，穿着碎花长裙嬉闹打趣，红色、黑色、蓝色，她们在颜色上别出心裁，在这满眼土黄的大地上留下属于自己的一抹艳丽；中年男子儒雅沉稳，一身精心剪裁的西装表达着他们对现代西方世界的向往。走动间，人们身上没有拘谨，他们热情地向我打招呼，或是远远地向我招手问候："来自中国吗？"

我去过一些因石油和天然气崛起的海湾国家，相比之下，在对传统文化的保护和对未来的展望上，卡塔尔看上去有着完全不同的野心和敏感。在莫扎王后的大力支持下，除了我眼前的教育城，还有众多艺术机构、图书馆、剧院正在多哈城内兴建。无论性别和宗族，年轻人在教育上拥有绝对的自主权。卡塔尔政府以举国之力推动着高等教育和当代艺术的发展，让年轻人通过思想和技能与世界更好地融合，而非将下一代的未来局限在并非无穷无尽的自然资源上。

离开教育城和博物馆，正午的日光盛极。我们驱车前往卡塔尔的内陆，那是一片荒凉的沙漠，卡塔尔的先辈们就曾生活在那里。不过，我们此行的目的并非探寻贝都因人的生活遗迹，而是冲沙——每一位来到卡塔尔的访客都无法拒绝的刺激。

卡塔尔半岛上几乎全是荒凉的沙漠和戈壁，巨大的沙丘群从半岛的西北方向一直延伸到东南，这为越野车冲沙提供了绝好的地理条件。我们冲沙的地点位于卡塔尔和沙特阿拉伯的边界，那里不仅有金黄的沙山，还有沙山下如奇迹一般诞生的沙漠内海。

我们的司机来自巴基斯坦，刚满 20 岁，身披长袍，戴着一副普拉达墨镜，说着一口流利且不带口音的英语。和卡塔尔人口中绝大部分的外来务工人员一样，他也有着自己独特的友善和对自我身份的骄傲。在发动汽车前，他面对后视镜不断地整理着自己卷曲的头发。

"我叫 Issam（伊萨姆），来自巴基斯坦，需要来点音乐吗？"

或许是为了让我们提前进入冲沙的刺激和紧张状态，伊萨姆一驶出多哈市区就在杜汉大道上猛踩油门。虽然连接着首都和工业重镇，但杜汉大道在酷热的午后显得空旷、荒凉。在我同意播放音乐后，音箱中传来的居然是一系列美国流行歌手的说唱音乐。伊萨姆轻轻跟唱，手指在方向盘上跟着节拍敲动，他对歌词极为熟悉。成长于保守的宗教国度，每日和客人通过欧美流行音乐互动，抑或是在自己的空间中获取西方的流行资讯，这似乎是包括伊萨姆在内的众多生活在卡塔尔的年轻人在当下的身份冲击中最为热衷的消遣。

我们逐渐远离城市，沙石带走了波斯湾的海水，视野中的蓝绿色开始被黄褐色取代。延伸至天际的沙漠吝啬得甚至不愿意与太阳分享一丝空间，随风而起的沙尘遮蔽了悬日，大地和天空逐渐连为一体。我们的越野车开始深入大漠腹地，途中，嘶吼着擦过车窗的风声渐渐变成轻盈的低语，如果忽略车轮在沙里努力挣扎的声音，此刻的卡塔尔犹如远古时代一般宁静。无声是这片大地最熟悉的状态，我凝视着车窗外无尽的黄沙和偶尔几丛孤立在沙海中的荆棘，放空思绪。

达到沙山后，伊萨姆将车停下。他需要为我们的越野车换上更为宽厚的轮胎。原先奔跑在高速路上的车轮过于窄小，容易陷入松软的沙山。

无边的金黄沙丘如驼峰一般蔓延至天际，换上更为猛烈的摇滚音乐后，伊萨姆突然驾车一脚油门冲上了沙丘顶部，我们在车厢内东倒西撞，一阵尖叫。这里狭窄到几乎只有一辆车的宽度，车身两边便是垂直落差十几米的60°大斜坡。在高速前行的过程中，伊萨姆突然往左打了一下方向盘，车轮急转，车身快速向左下方的沙坡俯冲。还未等我反应过来，伊萨姆又调整了方向，车子再次快速冲过沙丘顶部，急速地向右下方的沙丘底部冲去。我们不停惊呼，只有伊萨姆哈哈大笑。我们的惊恐，在他眼中就是对他高超车技的褒奖，而这更鼓励了他向我们炫耀更为惊险的特技。

车轮卷起的沙尘如黄色的泥浆般拍打着车窗，在一片模糊的视线中，我们早已失去方向感。不断加速、失重和惊呼，身子在车内摇晃和碰撞，这让伊萨姆有了更多的兴致，一辆庞大的冲沙越野车，此刻灵巧得就如同在沙漠中急速前进的蝎子。

在翻越了几个高耸的沙丘，体验过冲沙过程的失重与加速后，我们到达了一片平坦的沙漠。在金黄的边缘，我眼前突然出现了一抹碧蓝。向两侧望去，原先的沙石都已消失，取而代之的是平静、深邃的阿拉伯海，如同一颗蓝宝石坠入尘世。在海的另一边，同样是沙丘起伏的金黄之地，那是沙特阿拉伯。

一半是海，一半是沙漠，卡塔尔的故事起源于大漠，兴盛于大海和珍珠，它用最意想不到的方式，将旷野的豪情与汪洋的温柔融合在了一起。

在沙漠内海旁，伊萨姆和几个司机席地而坐。身上的白袍随风舞动，他们面朝大海的东边，那里有他们的故乡：巴基斯坦、印度、伊朗。

他们是否知道，当贝都因人策马奔向海洋后，他们的先辈也曾身披白袍，从阿拉伯世界的各个角落聚集至这片大地，背负珍珠，走向世界。时光荏苒，后辈们对于财富的渴望让他们再次回到了卡塔尔。

看着眼前这安宁的一幕，阴凉的海风让我热血沸腾。

"想家吗？"我走近伊萨姆，问道。

"想家的时候，我就来沙漠看海。"

"为什么要来卡塔尔工作呢？"

"只是好奇。"伊萨姆耸耸肩，"但是你看现在公司给我配的这辆好车，买下它的钱，几乎可以买下巴基斯坦的半个镇子。"

"以后想去别的地方生活吗？"

"我想去中国的太原。我在那里有一个朋友。"

我费劲地从他的发音中辨别出了"太原"——一个完全出乎我意料的答案。但伊萨姆能出于好奇来到卡塔尔，憧憬太原也在情理之中。

也是出于好奇，古人在大漠与海洋上东西迎送。

黑夜开始沉沉地笼罩大地，沙漠与大海不再区分颜色，整个世界只有湛蓝的静谧。我们在黑夜中驱车返回多哈市区，车灯在沙地里打出亮光。沙丘高低起伏依旧会带来刺激，但我们的状态已从白日的兴奋变成了沉寂的享受。

在无边的黑夜和荒漠中，我抬头即可看见点点星光。远处的车辆打着灯，灯光就像夜空中划过的流星，孤独又美丽。

从古至今，卡塔尔从不缺少拥抱世界的胸怀，它像一块海绵，吸收着东西世界的智识。或许在不远的未来，它真的能再次凭借好奇与勇气，伴随着驼铃与海风，在沙海间迎朋送友，犹如此地重新盛开的沙漠玫瑰，大声喊出人们在广袤、荒凉的土地上竖起的巨大广告牌上的那句豪言壮语："未来无限精彩，你准备好了吗？"

第五章 阿姆斯特丹

海洋上的马车夫

我们驶往自由的大海

从哥本哈根飞往阿姆斯特丹，飞机下降的途中，我可以看见近乎平坦的荷兰。视野中尽是苍翠的景致，乡村、河流、城镇和田野如拼图一般平整地拼凑在一起，没有任何山峦的阻隔，宛如北欧人家客厅里的一块乡野风格的地毯。这块地毯在我眼前不断地延伸，到达遥远的大西洋海岸。在那里，一座宏伟的堤坝象征性地充当着海洋与陆地的分界线，犹如这块乡野地毯上隆起的一团卷曲的饰边。在堤坝的旁边，几座风车正在悠闲地旋转，在午后的阳光中显得静谧、朴素，颇有"青青园中葵，朝露待日晞"般的生机盎然。青翠的绿色还未远离，阿姆斯特丹城区就已在眼前平滑地掠过，给我一种难以言表的舒适和宁静感。

这幅宛如山水画卷的景致是我所熟悉的阿姆斯特丹的独特迎接礼，它呈现的是我在众多荷兰风景画中见过的闲适与惬意，就像我最爱的画作之一——彼特·勃鲁盖尔的《尼德兰箴言》所描绘的那样。勃鲁盖尔结合荷兰最广为流传的谚语，用诙谐、密集的笔触展示了荷兰乡村和城镇的市井文化。荷兰的谚语很有意思，例如，人们在流经屋外的运河中抓起鳗鱼，意为成功地做到了难度极大的事情；一条垂挂在屋檐下的鲱鱼肚子依旧膨胀，寓意事情并不如所见般简单；往屋后的河中抛撒银币，意指不劳而获的人更容易浪费钱财；远处的海洋上漂浮着一艘单桅帆船，风帆上画着一只巨大的眼睛，意为生活中要时刻保持警惕。《尼德兰箴言》被誉为"荷兰版《清明上河图》"，在这幅油画中，每个细微的元素都相互独立，整体看来混乱又协调，几乎展现了整个荷兰地貌的缩影。当我从局部中抽离，去观察整体，惊喜地发现这些相互独立的画面总是被一个相同的元素环绕：水。

运河、湿地、湖泊、海洋，它们包围着荷兰人的日常，人们就如生活在一片孤岛之上。

"我们头顶一片汪洋。"在阿姆斯特丹机场，荷兰人频繁地提及这句话，精准地描述了我此时的位置——机场位于海平面负 4 米的地下。我细细思量，这句话又何尝不是对荷兰历史的概括：诞生于低地，淤泥与沼泽变成运河与都市，随后，大船征服东西汪洋，荷兰人头顶涌起成串的海浪。

在阿姆斯特丹，我住在红灯区运河带的一幢河边独栋小楼中。在一个晴朗的清晨，我从住处出发，去见许久未见的朋友。只往北走了几步，我就迷失在了一片纵横交错的运河之中。

运河中的河水缓缓流淌，阳光如碎钻般随风闪烁在水面。一只白天鹅慵懒地闭眼游荡在运河上，即将穿过一座古老的石拱桥。骑着高大自行车的阿姆斯特丹人在桥上赶路，如一群沙丁鱼般从此地出发，奔向城内的各个角落。不远处响起老教堂浑厚的钟声，响彻全城。聚拢在水面的海鸥四散飞去，空气仿佛都在随之颤动。

以城内的老教堂为标志，我沿着运河一直往北走，视野逐渐变得开阔。眼前的泪水塔（又名泪塔、哭泣塔）和圣尼古拉教堂（又名圣尼各老堂、圣尼古拉斯教堂等）彼此相连，在它们旁边，我可以看到运河上的几座新桥，它们在阿姆斯特丹城内的近两千座古老的石拱桥中显得十分简约，连接着纵横交错的运河与中央车站——这里曾是阿姆斯特丹陆地与海洋的分界。正是依托这片区域，阿姆斯特丹从一个小小的中世纪渔村，蜕变为世界的贸易中心。

如果我能够穿越时光，回到 17 世纪初的阿姆斯特丹，在相同的地方，应该可以看到如下景象。

填满整座港口的各式商船沿着海岸排开，高大的桅杆组成了一片森林，漫向天际。摩肩接踵的港口处，船员们忙碌地将一箱箱货物从船上卸下，有瓷器、茶叶、丝绸、香料、孔雀毛、金银饰品、珍珠……空气中弥漫着汗水和财富的气息，耳边充斥着呼喊和叫骂声。船员们忙着擦洗甲板、沿着桅杆上下攀爬。

我稍稍向前走上几步，在新桥的近水处低头看，下方的步行道上，一边写着"来自东方"，另一边写着"驶向西方"。白色的漆字已在岁月中被磨去了棱角，它们似乎被遗忘在了阿姆斯特丹永不停歇的西风里，正像荷兰已经远去的海上黄金岁月。

朋友艾德温的家就在附近——一个漂浮在运河上的船屋。

看外观，这个船屋与其他用于运输和交通的船只并无二致。船体被刷成天蓝色，这是我在荷兰阴雨绵绵的漫长时日里最为想念的色彩。船身曲线流畅，底部尖削，而中部饱满地隆起，犹如鸬鹚吞咽大鱼时鼓胀的颈部。外墙的木材色泽暗沉，摸上去却细腻柔和，这是大西洋的北国独有的自然气息。屋顶覆盖着弧形的瓦片，淡灰的颜色或许是受到了阿姆斯特丹常见的阴天的启发。瓦片宛如羽翼般轻盈，仿佛是刚才飞过的海鸥飘落的羽毛，为船屋增添了一分典雅。一排长方形的窗户贴着水面，透过洁净无瑕的玻璃，可以看见运河流水的波纹，柔和且舒适。窗框洁白，与阿姆斯特丹城内房屋外墙上偶尔点缀的一抹白色相得益彰，它们就像一条完整的线，串起城里的每户人家。船屋的前部规划出了一个小小的甲板，艾德温在上面摆满了绿意盎然的植物，寻常的画面中，充满生活的恬静和自由。一米宽的铁道沟通了船屋与河岸，连接着荷兰人的浪漫与日常。木门外停着一辆黑色自行车——艾德温此刻正在家里。

我轻轻叩响木门，随着门打开的嘎吱声，传来了熟悉、热情的招呼声："啊，欢迎，我的朋友！"

踏入船屋内部，一股清甜的茶香扑鼻而来。开放式的厨房中，艾德温正在煮茶，火炉上的茶壶正冒着扑腾的热气。荷兰人爱在白日品茶、饮咖啡，对这些来自东方和美洲的饮品的追捧，曾促使艾德温的祖辈们乘着帆船驶向海洋的迷雾。

艾德温招呼我入座，暖茶入肚，外界的阴冷仿佛在瞬间消散。我环顾四周，船屋内部的设计简约且温馨，融合了荷兰人的热情、质朴与理性。木质地板一尘不染，入目极为典雅。阳光透过宽大的窗户，让起伏的水面在地板上舞动着光影。在客厅柔和的灯光中，我眼前的墙上挂着一幅画着树林掩映湖泊之景的油画，栩栩如生，画框就如一扇窗户，框着我在飞机上所见的那幅山水画卷。客厅、厨房、卧室和洗浴间精致且巧妙地排列着，每个微小的空间都在艾德温的生活中被充分利用。

"你竟然搬进了船屋。" 我急切地表达惊讶。

"在阿姆斯特丹，陆地上的生活更加拥挤。"艾德温抿了一口茶。

"现在搬进船屋居住的阿姆斯特丹人多吗？"

"非常多。仅在城中心的王子运河、绅士运河与皇帝运河上，就有将近2000 个船屋。"

"为什么人们要搬进船屋居住呢？"

"我们喜欢和水靠得更近一些。"艾德温耸耸肩，"在荷兰过日子，要学会与水共存。过去的汪洋如今被阻隔在城外，我们在城里重新寻找与大海接触的机会。"

望向窗外，运河水在起伏波动，这让我想起荷兰的北方邻居——斯堪的纳维亚半岛。来自极北之地的维京人同样曾被大海支配。维京人在与海洋的搏斗过程中，创作出了众多令人神往的神话故事：海洋之神尤弥尔及其巨人后代与诸神的壮烈战斗、雷神索尔与海格尼捕捉海蛇的惊奇冒险……这些故事阴暗、神秘，充满着超自然的史诗性。荷兰虽仅与斯堪的纳维亚半岛相隔一个峡湾，但与维京人征服大海的光辉履历不同，荷兰人的历史记载充满着田园风光的野趣和随性。荷兰人在威廉君王带来的橙色革命中挣脱了西班牙帝国的束缚，领略过西班牙人从航海贸易中获得的惊人财富后，跨过旧时代的荷兰人立刻奔向老城外的港口，扬帆驶向了传说中的东方香料岛。商人和渔夫通力合作，将渔船改进成可供远洋航行的帆船，包括享誉世界的福禄特帆船——最少只需要 10 位水手，便可远洋到中国和印度尼西亚，返航时，可搭载普通商船两倍的货物。几乎是在一夜间，如有神助般，荷兰人具备了远航所需要的一切条件：帆船、地图、航海技术、资金和对冒险的渴望。荷兰人的大航海时代就这样开启了，就像人们在平淡的一天去了山野树林，归来时满手财富。

没有任何神话和传说，年轻荷兰征服海洋的故事是写实主义的。

艾德温为我续上了热茶，清香弥漫，我仿佛置身于浙南故乡的茶园中。

4 个世纪前，东方香料和茶叶的芬芳是荷兰商船的象征。荷兰的第一支船队成功抵达香料群岛（如今的印度尼西亚）仅仅几年后，新航线就迅速遍布全球。广州、雅加达、圣托马斯堡、毛里求斯、开普敦、戈雷、纽约等地皆有荷兰人高大的身影，他们用商船推起的白色浪花连接了曾经天各一方的亚洲、非洲、欧洲和美洲。财富如海水般涌入，荷兰迅速地从一个偏居欧洲北方边缘的捕鱼国度蜕变为不断扩张的世界强国，阿姆斯特丹也迎来了自己的黄金时代——荷兰东印度公司成立。据我所知，在荷属东印度公司最繁荣的 17 世纪，全世界海洋上漂泊着的 20000 余艘货船中，有 15000 余艘飘扬着荷兰旗帜。荷兰十分之一的成年男子在这些货船上充当海员。深夜，若一个水手站在甲板上，眺望繁星点点的夜空，向着空寂的大海用荷兰语呐喊，或许能从水雾中得到另一个荷兰语的回应。在最巅峰的 17 世纪末，东印度公司在全球拥有惊人的 15000 个分支机构，荷兰几乎垄断了全世界的海洋贸易。荷兰联合东印度公司的首字母缩写 VOC，也成为众多东方国家民众对于英文字母的首次认知。

起伏在浪涛之上的商船让荷兰人成了真正的水上马车夫，他们成功地控制着摩鹿加群岛的丁香和肉蔻、锡兰沿海的肉桂和胡椒、中国的茶叶与布匹……船队从东方运回阿姆斯特丹的货物包罗万象，就连笛卡尔在流亡途中到达阿姆斯特丹时，也不免惊讶地说起："寻觅世人艳羡的奇珍异品，莫若此城市耳。"

距离荷兰人在海岸的淤泥里围海造田，盖起阿姆斯特丹小渔村，仅仅过去了 4 个世纪。我不禁想象，如果人类历史是个壮丽的大舞台，那么姗姗来迟的荷兰就如年轻又雄心勃勃的亚历山大大帝，登场就是巅峰。

漂于海面，居在海船，这似乎是在荷兰人血液中流淌的生存印记。

"船屋的稳固性如何？"我尝试着猛踩了几下地板。

"和居住在陆地上没有区别。"高大的艾德温起身在小巧的屋内上下跳动，"你别忘了，在阿姆斯特丹，即使是'陆地上的房子'，也是盖在水上的。"

跟随艾德温的指引，我来到屋外的甲板上。顺着艾德温手指的方向低头看去，一根巨大的木桩贴着船屋旁的陆地、砖石。

"这是撑起整个阿姆斯特丹城的阿特拉斯（或译为亚特拉斯，是古希腊神话中的擎天巨神，属于泰坦神族，被宙斯降罪，用双肩支撑苍天）。"

"一根木桩？"

"阿姆斯特丹的房子全部建设在一根根木桩上。这是当年打桩时工人遗留下来的一根。"

"荷兰没有山林，只有湿地与大海，这些木桩来自哪里？"

"大部分来自瑞典和德国。北方的木桩有很强的柔韧性，更加稳固。"艾德温上前轻轻踩了一下木桩，"现在新盖的房屋和船屋已经不用木桩作为地基了，我们用的是钢管。"

我抬头看去，眼前的运河两岸是造型和颜色各异、密密麻麻排列着的房子。艾德温说荷兰人为它们取名为山形屋，因为彼此相连的房屋尖顶犹如山丘起伏。每座山形屋四五层楼高，红砖木质结构承载着岁月的沉淀。它们的门脸儿狭窄，犹如在互相挤压中被压扁的面包片。我曾在阿姆斯特丹北区的亚当塔上俯瞰这些房屋，它们的屋顶看上去像极了海洋里汹涌澎湃的波涛，带着生命的律动。

身处运河之间，眼前的山形屋如同矗立在岛屿之上。阿姆斯特丹傲然屹立在湿地和沼泽中的洼地上，就连它的名字（Amsterdam）也是由阿姆斯托河（Amstel）与河上大坝（Dam）组合异化而成的，人们生活的房子完全没有坚实的地基作为支撑。

艾德温向我娓娓讲述荷兰人在水中盖房的艰辛，他们用围海建坝的思路，抽干建设区的海水，挖出泥煤和淤泥，用铁块将来自瑞典和德国的 20～40 根高达 10～20 米的粗壮木桩砸入沙层。每一根木桩的砸入，需要至少 10 位建筑工人完美协作，该力度仿佛可以折断背脊。地基完成后，海水被引入，将木桩淹没，以防止其氧化。在由木桩构成的地基上，工人们可砌砖造屋。

如今，阿姆斯特丹内成千上万座建于 17 世纪的山形屋，都是人们在一根根巨大的木桩之上协作建设而成的，堪称人类建筑史上的壮举。森林中的树木托举起了荷兰人的生活。然而，由于木桩会在沙层中不断地下沉，许多山形屋已经出现了一定程度的倾斜。眼前的山形屋有些东倾西斜，但它们彼此相连，相互依偎，矗立不倒。看着有些奇特，但这象征着荷兰人在海洋中徒手建设家园的团结和坚韧。

"位于水坝广场的议政厅，矗立在 20000 多根巨大的木桩之上。"艾德温略带骄傲。

"人们居住在越来越倾斜的房子中不害怕吗？"

"不害怕，我们相信房屋会互相支撑，就如我们荷兰人会在日常事务中团结协作。当然，如果害怕，就搬来船屋住嘛，房屋倾倒了也能直接开着船走。"

"一二三，往上拉！"我的身后传来几位男士的呐喊声。

我们转身看去，一个皮沙发正吊在一座红色砖石山形屋前的半空中。

"他们在做什么？"

"把沙发搬进屋里。"

我目不转睛地看着。屋外的 3 位年轻男子手举过头顶，动作还停留在刚才撑住沙发时的状态，仿佛是定格在时光里的雕塑。3 楼，另一位男子半身探出窗外，目光斜视屋顶，双手熟练地操控着一个转轮。在窗户和屋顶之间的墙面上，钉着一枚硕大的铁质挂钩，一条粗麻绳从挂钩上垂下，连接着沙发。随着转轮的转动，沙发缓缓靠近窗边。刚才还在楼下的3位男子此时已经快速地跑上了楼，8只手臂一同伸出窗外，稳稳地扶住沙发，将其搬进屋内。

"你注意到那枚黑色的挂钩了吧？"艾德温神秘地说道。

"它们就是用来搬家具的？"我环顾四周。抬头看去，在每座山形屋的屋檐下，都有一枚黑色的挂钩。

"你注意到山形屋的门脸儿都特别狭窄了吗？"

"是的，感觉只容得下一个成年人通过。"

"因为房屋的门脸儿越宽，需要上缴的房产税越高。"

被税收"压扁"门脸儿的山形屋初看上去似乎局促拥挤，但我所居住的那间内里纵深很广，每一层都被巧妙地加以设计，完全能够满足日常起居的需求。在水中人为创造出的陆地无法满足商贸繁荣带来的人口激增对应的住房需求，阿姆斯特丹政府便颁布了一条极具特色的法令：房产税由房屋门脸儿的宽度决定。

聪明的荷兰人借此发挥着自己的创意：在扩建时期开凿的运河沿岸，他们建起门脸儿特别狭窄的山形屋，几乎只能容得下一人通过，而房屋立面的每扇窗户都设计得不合比例的宽大，因为装上挂钩和转轮，大件物品便可以不通过正门，从空中被吊进室内。

我仔细地观察，山形屋并非笔直矗立，而是轻微地前倾，留出的角度可以避免物品在上移的过程中与墙面发生磕碰。细小的设计既成全了搬运的功能性，又省去了可观的税费，我怀疑荷兰人节俭的名声源来于此。

低头注视着地面，我的目光被山形屋前通往地下室的阶梯吸引。它们蜿蜒曲折，穿越地底，一直通往运河水下方的地下室。

在大航海时代，山形屋底层临街的房间大多充当着商人的办公室，二楼是住宅，再往上的几层通常作为库房，码放着可以直接售卖的货物。库房内曾经满满地堆放着各种香料、茶叶和咖啡豆，弥漫着浓厚的异域气息。堆满货物的山形屋，让整个阿姆斯特丹变成了一个巨大的仓库。货物通过屋顶的挂钩被搬进房内，每个商人都能在自己的库房中储备充足的存货，商品的价格便可以常年保持稳定。

"它（屋顶的挂钩）既能稳住沙发，又能稳定商贸的利润。"我笑着说。

街角咖啡店此时飘来一股浓烈的香气，这香气跨越了几个世纪，曾经长久地萦绕在荷兰人靠海洋生活时的东方美梦中。

我与艾德温站在甲板上，目之所及，河岸上的自行车不断穿梭。它们替代了海船，荷兰人对于速度和前行的追求亘古不变。环顾四周，山形屋耸立，阻挡了我的视线，阿姆斯特丹城区似乎与海洋相隔遥远。然而，在荷兰人的生活中，与海洋争夺每一寸土地是贯穿时光的挑战。尤其是在海运时代，当全世界的货物、珍宝和财富如洪水一般灌入阿姆斯特丹时，海水也在日夜觊觎着这些财富。荷兰人开凿运河，把桀骜的海水引入了可控的渠道。如蜘蛛网般遍布全城的运河，从海洋起源，穿越阿姆斯特丹城，最后又汇入大海。自然给予的劣势在荷兰人的努力中变成了运输的优势，运河成了荷兰人财富的生命线。汹涌的海水被伟大的城市建设阻挡在城区之外，商人们可以安心地进货、经商。停泊在海港的商船将来自世界各地的货物转移到小型驳船上，驶入城内的运河，货物可以直接抵达运河旁的仓库和住宅。我能想象，一位从中国远渡重洋回到阿姆斯特丹的海员，几乎可以借着水路，一路脚不沾地地走进家门与家人拥抱。

此刻流经我脚下的运河水，谁又能说它未曾流经中国海（濒临中国的海，分为东中国海、台湾海峡和南中国海）和红海呢？

"我发现，荷兰人很爱展示自己的屋内空间。"我眼前的山形屋，底层房间的窗户和街道上的路人齐腰高，窗帘被大方地拉开，屋内的陈设毫无保留地被展现给过路的陌生人。

"家很私人，但不私密。城里每户人家居住的房子，都是大家齐心协力在淤泥里建起的。"

"这就是荷兰人'不合作就无法生存'的金科玉律的来源吗？"

"没错。我们生在风里，走在雨中，活在水上。无论是船屋还是山形屋，既代表着温馨的生活空间，又承载着我们荷兰人团结一致的梦想和责任。"

"所以，每个小家都是大家的一部分，就无所谓空间的隐私性了。"

"可以这么说。当然，也是因为航海时代的人们非常热衷于炫耀自己的财富。"

水手和普通人在阿姆斯特丹安居乐业，他们在新开凿的运河边看到了人生的无限可能。阿姆斯特丹成了一座让所有到来的人都享有无限机遇的城市，运河通向整个世界，聚拢着财富。这些以王子和绅士命名的运河，似乎代表着当时的荷兰人对自己在世界中的明确定位：他们是 17 世纪国际海洋贸易的绝对主角。他们毫不保留地向外人展示着自己的屋宇和财富。

"我听说，欧洲人对'家'有概念，是从阿姆斯特丹开始的？"

"海洋与水制约着我们的生存条件，居住的房子并不仅是环境概念，也是我们荷兰人探索自我身份的安全空间。阿姆斯特丹诞生在荒芜之中，被大家创造，而集体中的每个人，都需要一个私人空间去探寻自己的内心。"艾德温思索着，"家，不就是自己的心之所向吗？"

无论是最初的为了生存而围海造田、修建拦海大坝，还是后来的为了商贸而兴建城市、在屋顶安装轮滑挂钩，对于荷兰人而言，一切都是动动脑筋、想想办法就能做到的事情。这种创造力，让荷兰人在现代建筑设计和室内设计上保持着世界领先的地位。

在携手共进的同时探索自我，从 17 世纪开始，阿姆斯特丹就为现代都市生活提供了一个绝佳的样板：繁荣、美丽、舒适、拼搏和自由。

"对自我内心和人性的探寻，你应该也可以在维米尔和伦勃朗的画作中强烈地感受到。"

我沉浸在回忆中，想起在世界各地的美术馆中看到的荷兰绘画作品中的主角：有正在解剖的温文尔雅的医生，有专心工作的家具制造商，有正在展示华丽织物的布料经销商，有准备步入教堂的犹太新娘，也有围着温馨烛光享用晚餐的一家人，此外，还有站在窗边倒牛奶的女佣、戴着珍珠耳环的少女、坐在钢琴旁演奏的女子……画面中的人物，有些留下了自己的姓名，但大部分是默默无闻地过好自己安稳日子的普通人。

"在画中，你看不到宗教人士和皇权贵族吧？"艾德温招呼我进屋，"荷兰大航海时代的画家们，目睹了阿姆斯特丹最繁荣和欣欣向上的时代。居住在城内的每一个个体都有无限的可能，普通人是这座城市崛起过程中的主角。"

"所以，艺术家也全情投入地挖掘普通人的情感和自我意识？"

"是的，前些年，我们的市政厅做过统计，17世纪诞生在荷兰的油画多达300万幅，大部分画中主角是日常生活中的普通人。"

这些普通人生活在荷兰航海贸易带来自由与繁荣的黄金时代，在惠更斯、卡茨等人无限赞美和推崇的时光中，他们坐在宁静的家中，陶醉于书籍和琴声，享受家人的陪伴。没有壮丽的颂歌，只有途经屋外的运河水手们的喧闹和欢呼。

画中人早已不在，有关他们的一切也随着时代的变迁留在历史长河中。他们中的绝大多数人未曾有过撼动历史的贡献，但是他们的形象在画布上栩栩如生。因为有众多将他们绘于画布的画家，很多画中人在我们的现代生活里有着自己的百科条目，他们的故事也在众多文献中被反复提及。在离世了4个世纪后，他们出现在阿姆斯特丹国家博物馆中，出现在纽约、伦敦、巴黎……参观者对他们的拥戴就如朝见国王与王后。

平凡的生活变成了永不褪色的经典。每次站在这些油画前，我总不禁感慨：这些陌生人，都有自己的过去和故事，都有独特的精神世界，那么，在下一秒的生活中，他又有着怎样的安排呢？

"荷兰人都记得他们。"在被问及对于这些油画的感想时，艾德温骄傲地说道。

荷兰人都记得这些身旁的普通人，记得他们的面容和笑容，就像记得举世闻名的英雄一样。

荷兰人的海上贸易引领世界进入了一个财富新篇章，而在自己的国土上，最大的财富莫过于每一个人都有关注个体的内心、追寻成功的自我。每一个个体都如此重要，同时也都微不足道，寻常百姓如此，国王、贵族也是如此。

直到今天，荷兰人对个体和自我意识的尊重依然是其引以为傲的自由主义精髓。荷兰人自小在自由主义的氛围中成长，某些在世界上大部分国家中被视为不端的事情，荷兰人会大大方方地将其合法化，并置于公众面前。人们在这里，可以自由地直视内心深处的欲望。人性中无法被藏匿的需求，就让它合理且规范地存在吧。

船屋被固定在钢管之上，不会随着潮起潮落摇摆。运河水贴在窗户下方，随风轻轻起伏，这是荷兰商船驶向东方的茫茫大海时，水手们清晨在船舱内所能见到的波涛。

即使在当下，水依然定义着荷兰人的生活与文化特征。

即使沿河而建的山形屋距离水只有一步之遥，艾德温依旧想离它更近些。

海洋的黄金时代落幕，荷兰人已不再需要乘坐商船奔向巨浪去冒险，但是船与大海所带来的身份认同，依旧流淌在人们的血脉中。荷兰人在水中见过整个世界，如今他们专注于自我，过好自己的安宁日子，就如庞龙所言："在宁静的无知山谷里，人们过着幸福的生活。"

离开艾德温的家时，夜色已笼罩阿姆斯特丹。街区内闪烁着的红色霓虹灯倒映在运河中，既像玫瑰花在波光粼粼中起舞，又像猩红的欲望蔓延在河中。空气中弥漫着"苹果"的诱惑，一群起舞的女郎企图将"苹果"递到路人的手中，蛊惑他们咬一口。而当我向右边的河岸看去，错愕地发现女郎们面对的竟然是肃穆的教堂。

这画面没有任何淫秽之气，也无世俗的乏味。荷兰人尊重着也保护着一些人的生存之道，接纳着平凡人非精神层面的所有需求，对荷兰人而言，那如同呼吸一样正常。就如他们曾经奔向广袤的海洋，如今，世界上无数的人也涌向这自由的花园。

"真有意思。"一位老爷爷注视着河对岸说道，灯光映得他脸色通红。

他身旁的妻子，回头狠狠地瞪了他一眼。

郁金香盛开在青花瓷中

清晨，我沿着运河漫步，晨曦洒满大地。海鸥掠过运河，和煦的海风吹过长满绿芽的枝头，骑着自行车的阿姆斯特丹人伴着钟声消失在迷宫般的街巷中。仔细聆听，阿姆斯特丹城内每座教堂的钟声都独具韵味，或浑厚，或轻盈。在大航海时代，城外海港中的水手们只需要听听钟声，便能判断家门口的教堂是否在召唤他们。

在我前行的尽头，矗立着荷兰国家博物馆。一个铺满绿草的巨大广场横亘在我们之间，这在寸土寸金、以小巧精致为设计核心的阿姆斯特丹显得有些突兀。

博物馆的建筑材料以红色砖块为主，它们遍布在阿姆斯特丹城内的山形屋上。当皮埃特在19世纪将它设计完稿时，荷兰的海上黄金岁月也迎来了自己最后的光辉，矗立在阿姆斯特丹新旧城交界处的博物馆，成了这座城市告别旧时光、探索新世界的标志。

博物馆宏伟的立面上方是拱形的玻璃穹顶，在晴朗的白日，这可以让馆内的访客不错过阿姆斯特丹极为宝贵的阳光。两侧高大的塔楼上方立着巨大的风车，田园风光被立于珍藏时代宝藏和记忆的宝库之上，彰显着荷兰人性格中的朴实与低调。

在博物馆内，我看到了一个怪异的陶瓷花瓶，瓶身宛如一座宝塔，高耸挺拔，底部呈四方形，逐渐向上收缩，最终收束为一个尖顶，留有瓶嘴的开口；瓶身的四面错综复杂地分布着众多瓶嘴，仿佛是月球表面凹凸不平的黑色陨石坑；花瓶釉面光滑如镜，在灯光的照耀下闪着钻石般的光芒；洁白无瑕的瓶身上装饰着钻蓝色的野花和野草，几根轻盈的羽毛点缀其间，好像河边的天鹅方才扑棱而过。这高 1.2 米、造型奇异的花瓶，激起了我心中的众多疑问。

"这是郁金香花瓶。"见我疑惑，艾德温笑着解释。

"为什么有这么多瓶嘴？"

"郁金香花朵硕大，单嘴花瓶无法同时放置多株郁金香。只放一株的话，似乎会显得小气。"

"我听说郁金香曾经是荷兰财富的代表。"

"对。在阿姆斯特丹郁金香热最疯狂的时期，一个郁金香球茎最多可换得运河边的一栋 3 层宅邸呢。"

在刚才路过的运河边的房屋中，我注意到每家的客厅中都摆放着至少一束郁金香。无论是城中的绿化带、家中的餐桌，还是市场上的摊位，郁金香在阿姆斯特丹无处不在——它和风车、木鞋一起，是荷兰明信片上的主角。

郁金香最初产自中亚，通过古丝绸之路，阿拉伯商人先将它带到土耳其，最终传入古丝绸之路的最西端——荷兰。来到荷兰的第一天，郁金香便凭借其鲜艳的色彩、端庄优雅的外观和异域的风情征服了城内的富商和贵族们。新兴的富裕阶层已在与东方进行的商贸中获利，他们正急切地希望在家中装饰更多的东方珍宝。像初入影坛的巨星，郁金香在欧洲迅速走红，成为阿姆斯特丹城内财富和航海时代的象征。为了在一个花瓶内摆放更多的郁金香，以凸显自己高贵的身份，富商们面临一个难题——传统花瓶的瓶嘴无法容纳多株郁金香。他们把这个问题抛向阿姆斯特丹南部的一座小城——代尔夫特，那里有着荷兰手艺最高超的陶瓷匠人。不久后，一个个体形硕大、全身遍布瓶嘴的花瓶如雨后春笋般广泛出现在阿姆斯特丹的富商家中。

比起瓶嘴，我更加被瓶身上那熟悉的青花瓷纹样吸引。"珍珠白沁就烟雨，孔雀蓝映著月光"，这种极具东方韵味的装饰为何会出现在欧洲手艺人的作品上？

带我跑出记忆迷雾的，是同样来自欧洲的艺术品。我想起维米尔在17世纪末创作的《窗前读信的少女》。画中，一位荷兰少女半掩在帘后，面朝窗户，专心地阅读一封信。也许，窗外就是当时商船往来、人声鼎沸的运河。在画中舒适、温馨、宁静的室内，有一张铺着红色绒布的木桌，上面放着一个装满水果的果盘。那个盘子，正是用青花瓷制作的。无独有偶，16 世纪贝利尼和提香的作品《诸神的盛宴》描绘了古希腊诸神聚餐的场景，画中，后方人物手中拿着的器具也是青花瓷大盘。维米尔的画作记录了荷兰黄金时期的风貌和人物，画中的物件成为我们窥探荷兰真实生活的一面镜子——青花瓷器曾是荷兰人日常生活中极为常见的用具。

"在荷兰，青花瓷意味着什么？"

"意味着对中国文明的向往。"

"可是，青花纹并非源自中国。"

"那源自哪里？"艾德温略显震惊。

"蓝白两色，并非中国瓷器的主流色调。蓝色是两河流域的贵族偏爱的色彩，白色则被阿拉伯世界的伊斯兰教徒尊崇。"

眼前这只青花瓷花瓶，身上似乎藏着说不尽的故事。

一艘从中国出发，扬帆驶向欧洲的荷兰商船，如梦般在我眼前缓缓浮现，船舱内装满来自东方的青花瓷。在伊斯兰世界尚未掌握瓷器烧制技艺时，来自两河流域和波斯湾的商贾和贵族会通过陆路和海路，将自己文化中流行的纹饰带到中国来定做瓷器。蓝白两色的青花瓷出现后，逐渐获得了中国上层社会人士的倾心与收藏。正所谓"上有好者，下必有甚焉者矣"，青花瓷开始大量出现在中国沿海城镇的市场上和普通百姓的餐桌上。

频繁往来中西的荷兰商人，偶然间看见了生平未曾目睹的陶瓷艺术品。它们雅致、高贵，恰是欧洲人一直在追寻的东方珍宝。就这样，青花瓷的流传范围越来越广。

"除了花瓶，代尔夫特的陶瓷匠人还做过其他青花瓷器吗？"

"有盘子、刀叉、杯子、胡椒瓶和盐罐，荷兰人过去的生活中无处不见青花瓷。"艾德温掰着手指细想，"可以说，青花瓷让当时的荷兰社会刮起了一阵狂热的中国风。"

回溯至 17 世纪的阿姆斯特丹，我内心翻涌如潮。徜徉于运河之畔，在暮色笼罩中途经山形屋。透过街边的玻璃窗，我可以看见房间里的蜡烛摇曳着温暖光芒，一家人正围坐在餐桌旁享用晚餐。他们手握青花瓷刀叉，在青花瓷盘上切割着来自大西洋的鲱鱼。餐桌的中央，一个青花瓷花瓶在烛光的映照下闪烁着青绿色的光芒，瓶中，黄色的郁金香开得正艳……

或许，代尔夫特的陶瓷匠人们并未亲临过中国，也缺乏中国水墨画的涵养，他们制作的青花瓷器与东方精品相去甚远，但是这些融合了东方审美与西方生活习惯的瓷器，奠定了代尔夫特小城在欧洲的蓝陶中心地位。

中西丝路文明的交流不会囿于历史的记载，也不会淡于岁月的流逝，青花瓷器依旧频繁地出现在荷兰人当下的生活中。

一顿寻常的晚餐，聚集了东亚、中亚、西亚和西欧的众多智慧。年轻的阿姆斯特丹，把广阔的世界收进了小小的家中。

我想起前几日路过的阿姆斯特丹中央车站，在连接停车场和渡轮码头的隧道中，有一面用青花瓷砖铺成的墙。稍稍后退几步，墙上的纹路在我眼前逐渐连贯、清晰：一艘巨大的帆船正乘风破浪，昂头向上，驶往离我只有几步之遥的码头。

在一个象征着启程和抵达的地方，荷兰人大大方方地怀念着自己的过往和身份，我不禁好奇，这是不是如今他们内心深处对冒险的追求。中央车站的铁轨通往荷兰的南部港口城市鹿特丹，那是奔驰在欧亚大陆的中欧班列在西欧的终点站。

曾经处于丝路终点的荷兰，如今是中西新丝绸之路上的欧洲起点。

我细细品读博物馆对花瓶的注释，它有一个官方名称——方尖碑形花瓶。

方尖碑诞生于古埃及，是人们因崇拜太阳神而建的纪念碑。在漫天的黄沙中，每当旭日东升，碑尖的大理石和黄金贴面就会如耀眼的太阳般熠熠生辉。无论是宝塔的形状，还是方尖碑的名字，都饱含东方智慧。荷兰的水手们曾目睹中国海湾旁矗立在青山上的宝塔，震撼于红海中天地相连处的高耸方尖碑，两个在人类历史中鲜有直接接触的古老文明，居然在往返东西的荷兰商船上激荡出了独特的视觉艺术灵感。我内心澎湃，就如窗外运河里的水波，随风翻涌。

走出博物馆，余晖染红了枝丫，似火焰在燃烧。广场上的滑冰场中，荷兰的年轻人正飞驰、舞动在冰面上。荷兰运动员屡屡在世界冰上运动的舞台上大放异彩，或许与他们的祖先和水的默契相处有关。

在车铃声中，自行车疾驰而过，骑车人的发丝随风飘扬，恰如海船上的风帆在舞动。

曾经的海上马车夫，如今依旧潇洒自如。

亚历山大港

第六章

地中海上的明灯

消失的灯塔

　　一支来自埃及亚历山大港的警察乐队，应邀前往以色列进行文化交流演出。因语言不通，他们坐错了巴士，来到了以色列沙漠中的一个小村镇。这个在地图上难觅踪影的小镇贫瘠又沉闷，方圆几百里，只有唯一的咖啡馆。咖啡馆老板娘蒂娜在彬彬有礼的乐队队长的请求下，慷慨地同意乐队在店内留宿一晚。在小镇循规蹈矩、索然无味的生活中，来自异国的乐队点燃了蒂娜心中深藏的激情。在深夜，她与乐队队长饮酒畅谈，诉说彼此的人生。她的语气忧伤又饱含热情，似温柔的呢喃……

　　这是我最爱的一部音乐剧《乐队来访》的开篇，故事的开头很离奇，结局也令人难忘。它只在百老汇上演过一年，却在短暂的时间内将全世界的各大戏剧奖项揽入怀中。

　　几年之前的秋天，我为了追寻它的谢幕演出，专程前往纽约的百老汇。埃塞尔·巴里摩尔剧院静立于曼哈顿47街，秋夜的微雨中，外墙的霓虹灯绽放微光，点点闪烁。小巧的剧院，不事张扬，只在街头摆放着一张小小的海报，上面印着几位穿着警察制服的阿拉伯人，还有一位伸展双臂翩翩起舞在空中的中年女性。他们的上方，用华美的字体书写着剧目名称：《乐队来访》。没有华丽的舞台，也没有气势磅礴的音乐，只有大段的自嘲和刻意安排的长时间沉默。每个人物身上，都有着几乎肉眼可见的孤独。

在充满以色列口音和阿拉伯口音的英语对白中，蒂娜缓缓的叙述逐渐变成了忧伤、婉转的歌声。

微风拂面带来茉莉花香，乌姆·库尔苏姆与奥马尔·沙里夫轻飘而至，

从西方，从南方，他们犹如飘零的仙子。

我的耳中仿佛流淌着（溶化的）蜜糖，

口中品味着香料的醇美滋味。

黑夜中的浪漫，奇妙而芬芳，

如同克里奥帕特拉与英俊的盗贼在共舞。

周日清晨的黑白影像，我泪眼模糊，母亲与我陶醉其间。

他冷酷又动人，是罗曼史中的法老，

来自埃及的音乐之船，乘着无线电波荡漾而至。

茉莉风中，香气四溢，

客厅化作花园，电视成为流泉，

音乐在花园中流淌。

我每日凝视西方和南方，

视野万里，但岁月如故。

而此刻眼前的男子，

他是否就是我的奥马尔·沙里夫？

我知晓，他与众不同。

这首名为《奥马尔·沙里夫》的剧中曲，取名自埃及最具传奇色彩的男演员——奥马尔·沙里夫。在现代世界对埃及的想象中，"奥马尔"几乎是浪漫与优雅的象征，也是阿拉伯世界与以色列间尚存的友好的代名词。

蒂娜的歌声有让时间凝固的魔力，内向、沉稳的乐队队长也在婉转的曲调中自由舞动。音乐响起的同时，他们忘记了彼此的文化差异，也抛却了两国之间的意识冲突和政治纷争。音乐、电影、对爱的渴望，以及对孤独的感受，撕下了世界强加在两个人身上的标签。在这短暂的一夜，他们只是单纯地身为一个女人和一个男人，她在歌唱对埃及生活的幻想，他则迷醉于那难得的异国情调——他们都美丽且真实。曾为蒂娜的人生带来无限幻想的奥马尔·沙里夫，此刻似乎化身为了眼前的乐队队长：他们同样文雅、绅士，相似的阿拉伯面孔上留有标志性的山羊胡，他们拥有相似的语调和深邃眼神，更奇妙的是，他们都来自亚历山大港。蒂娜的幻想，具化成了现实中最美好的一夜。

亚历山大港，这座在众多文艺作品中被赋予了多重面貌的城市，在我的印象中如奥马尔·沙里夫一样，是优雅、浪漫和古典的。它那响亮、传奇的名字，在不断地召唤着我前往。

然而，当我在一个清晨从开罗出发，乘车前往亚历山大港时，一股狂傲不羁的旋风将那优雅的幻想吹得支离破碎。

一路向北，卡车、摩托车、小轿车和驴车在高速公路上竞速。汽笛长鸣的列车从我身旁咆哮而过，震起漫天黄色的沙砾。沙尘浅浅地覆盖路面，我们如策马奔腾在沙漠之中，又似化身尼罗河，迫不及待地奔涌出非洲内陆。

司机驾车不停地在卡车间穿梭，我的惊叫只换来了他的不解。前行的车队中，不断有行人在横穿高速路。他们来自道路两旁的村庄，气定神闲地走着。无论是赶着羊群的青年，还是拄着拐杖的老妇人，他们望向迎面而来的车辆的轻蔑眼神，就是埃及最有力的交通信号灯。在一个交通规则近乎不存在的国度，混乱是常态，我的恐惧反而显得不合时宜。

望向窗外，我努力地让自己镇定。路边高大的椰枣树后，时而有碧绿的农田一闪而过。它们受惠于尼罗河支流在北部的滋润与沉淀，形成宛如一片银杏树叶的绿洲。尼罗河三角洲是世界上最大的绿洲，让埃及有过富足，也孕育了古埃及的灿烂文明。

随着越来越接近这片"银杏叶"的顶端，我的视野逐渐开阔，从开罗出发时的焦虑、烦闷和紧张变成了松弛和愉悦。沙漠和绿洲已在我身后退去，通过最后一个警卫队检查站后，我的眼前豁然出现一条宽阔的大河。河的这岸，芦苇丛生，对岸则是沿东西走向的大河建造的密集低矮楼群。楼群在阳光下闪烁着耀眼的光芒，仿佛构筑起了一道宏伟的城垣。

"欢迎来到亚历山大港！"沉默了将近 3 个小时后，年轻的司机终于激动地回头对我说道，紧接着，他在路的尽头打了一个急转弯。

这条"大河"便是地中海。一条笔直的石头堤道从内陆延伸至大海，分隔着深海与浅湾。从远处望去，这片海湾犹如垂直于尼罗河的另一条大河。

若海洋是古人道路的尽头，现代的亚历山大港人就在尽头重新为自己铺着路。

我踏上前往酒店的海滨大道。在地图上，它微不可见，然而实际行走在此地时，有着极大的压迫感。大道右侧是成片的密密麻麻的楼房，它们多建于英法殖民埃及时期。虽然如今已经破败不堪，但那外墙华美的设计和不惜重金的雕花装饰，依旧能让我感受到亚历山大港在新世界中曾被托付的希望。20世纪50年代，劳伦斯·德雷尔居住于此，他亲历了现代亚历山大港的鼎盛时期，在《亚历山大四重奏》中，他形容这里是带着所有的残酷建立在沙漠和汪洋之上的远古之城。然而，与古埃及相比，劳伦斯眼中的这座远古之城略显稚嫩。最早的亚历山大港在车道的另一侧，在我左手边温和、蔚蓝的地中海之上：公元前332年，来自希腊马其顿的亚历山大征服了埃及，他在古老帝国的北部选择了一个小渔村，新建城市，作为首都，并用自己的名字为其命名。原本只是用于防御侵略的亚历山大港，在托勒密王朝的希腊化统治下，凭借其优越的港湾和地理位置，成为希腊时期地中海沿岸最为宏伟的城市。无论是人口、财富、商业，还是艺术，各方面，亚历山大港均可谓当时世界上最伟大的城市之一。

已是耄耋之年的古埃及，蹒跚着走入了最后的辉煌和传奇。

虽正值盛夏，但亚历山大港并无酷暑。地中海清凉的海风在午后轻拂，令我心旷神怡。空气清新、湿润得不可思议，这让它成了南部埃及人最爱的避暑城市。

沿着海滨大道往南走，我左手边的建筑群看起来有些残破，墙面早已斑驳不堪，露出了历经岁月洗礼的砖石。楼房的玻璃窗户或者被拆除，或者破损，只剩下各色的窗帘飘扬在半空中。人们坐在沿街的茶馆外，面向着地中海和川流不息的海滨大道。在当下的亚历山大港，这些沿街的茶馆与咖啡馆似乎并不代表着舒适和放松。闲暇之余，男女老少将自己置于街头日夜不歇的噪声和拥堵中，被汽车尾气、汽笛声包裹着的水烟和红茶，成了亚历山大港人的咖啡因。

整个城市充满着无法忽视的混乱、活力和自信，破败中蕴含着极其旺盛的街头生命力。众多豪华酒店点缀在这些破败的楼房间，似乎是在有意降低西方物质享受的冷漠、疏离之感。在我的右手边，一片长达3公里的沙滩沿着海滨大道延伸至马蹄形海湾的最南端。工作日的海滩上，坐满了身穿黑袍的埃及女性和赤裸上身的男人。现代埃及生活饱受一系列外部干预的影响，人们的思想早已融于世俗。

"欢迎来到亚历山大港！"坐在滨海路边的一位中年男性向我打招呼——这是近日在亚历山大港我最熟悉的开场白。所有人都在友善地致以欢迎，都在滔滔不绝地搭讪，都在热情地指路，指向他们熟悉的巷子尽头——在那里，总会有人向我伸手要1美元的"小费"。

"灯塔！"在我摆手拒绝他热情的指路后，男子从身后追上我，指了指海港深处的一座土黄色的堡垒。"灯塔！"男子微笑着重复了一遍，这似乎是他为数不多的英语词汇中的最后一个词。

我表示感谢后，匆匆离去。在埃及的时日里，我明白，在无休止的、歇斯底里的热情中，拒绝和保持适度的淡漠才是保全自我的法宝。

"灯塔！"男子依旧在我身后高声喊着，仿佛一个在海上迷失多日的水手终见灯塔，既兴奋，又有些失语。他的语气炽热又失望。

我直视着堡垒，快速前行。经过一个喧嚷的地摊市场，穿过一片尘土飞扬的工地，这座名为奎贝堡的建筑赫然矗立在我眼前。

在正午的骄阳下，堡垒外墙反射着阳光，水汽中升起金色的薄雾，这让本就坐落于海湾之中的建筑更显得宛如一座虚幻的海市蜃楼。1480 年，马穆鲁克苏丹为了抵御奥斯曼帝国对埃及的侵略，在亚历山大港马蹄形海湾的最南端修建了这座堡垒。虽然奎贝堡最终并未完成自己原本的使命，但从建成到拿破仑占领埃及之前的 3 个世纪里，奎贝堡在诸多势力的纷争中得以独善其身，保存得相当完好。

相较于作为军事堡垒的存在，我对奎贝堡的具有浪漫色彩的憧憬其实是因为亚历山大灯塔——这座建于公元前 283 年，一度享誉世界商业和文化艺术领域的传奇建筑原本矗立在奎贝堡如今的位置上。在 14 世纪彻底毁于地震之前，亚历山大灯塔是仅次于胡夫金字塔和卡夫拉金字塔的世界第三高建筑。

迎接四方来客的灯塔倒下了，堡垒拔地而起，拒人于千里之外。

我迫不及待地踏入堡垒前院的大门，宽阔的庭院和用巨大石块砌成的碉堡在气势上令我屏息。碉堡的入口是一扇虚掩着的木门，透不出一丝亮光。随着我的脚步逐渐接近堡垒，木门内的黑暗反而令我有一种朝圣般的感觉，仿佛我正步入的并非一座堡垒，而是一段充满无限精彩的浪漫文明史，是当前时光和光辉历史的时空交汇之地。此刻，所有的想象和浪漫都在这扇木门之后，而推开它，毫不费力。

在木门的旁边，一块铭牌用巨大的文字展示着现代埃及人无尽的自豪：碉堡主体的石块，部分来自古代亚历山大灯塔。

眼前的碉堡取材于灯塔，立于灯塔遗址之上，虽有造型和高度上的差异，但两者的倒塌与修建有着完美的时间衔接。于我而言，我完全可以将这座碉堡视作灯塔在现实世界中的重生。

我对灯塔有过了解，伊本·胡尔达兹比赫在《道里邦国志》里有如下描述（译文）。

亚历山大灯塔高约 135 米，上端悬挂着一面镜子。在镜子的下方，人们能透过它隔海看到伊斯坦布尔。灯塔内有 366 间圆形屋室，可供人居住。一个人骑马或两个人骑马并行，可不用阶梯直达塔顶。此灯塔矗立在海滩上，海浪冲击着灯塔的根基。船舶只有从它下面经过才能进入该国。

摩洛哥旅行家伊本·白图泰从泉州出发返回其故乡的途中，也曾赴埃及重游亚历山大灯塔，他的记载（译文）如下。

我从这一方去看灯塔，塔的一边已经倒塌。灯塔为四方建筑物，内有众多房间。塔位于高岗之上，凸入海中，三面环海，一面靠城。如想从陆地走进塔身，只有从城里来。

伊本·白图泰来到亚历山大港时是 1349 年，此时的灯塔已在几场地震中有损毁。可见，在众多的古代地理文献和旅行记载中，无论亚历山大灯塔完整与否，关于它的记述几乎一致。这些记述来自途经亚历山大港的商人、船员、旅行者、僧侣，字里行间充满着古人对于希腊化时期古埃及的神往。

希腊化时期的古埃及，是一个富裕、开放、自由和浪漫的国度。

步入碉堡内部，完全没有我想象中的阴暗与逼仄。近 10 米高的天井可供日光完全地投入门厅，石块是温润的质地。我心想，这倒是符合亚历山大港的城市特征——有着气势恢宏的名字，历史和当下的生活里却处处文雅、温和。在门厅的左右侧室内，各有一条弯曲的石阶通往楼上，它们在二楼汇聚成一条更宽的阶梯，通向顶层的屋室。根据古人的记载，以及残留的亚历山大铸币厂生产的罗马硬币，我们可知，最初建成的亚历山大灯塔由3个部分组成：底端是混凝土浇筑的正方形地基，中部是八角形的塔身，顶层是圆柱形的灯火楼。如今的奎贝堡整体方正，就像扩大版的灯塔地基。

我从一楼走到三楼，看到每面石墙上都镶嵌着大小适宜的窗洞，装饰着伊斯兰风格的木质窗棂。地中海的海风不停灌入，带着鱼腥味，置身其中，就如深藏在海中的灯塔里，喧嚣、热闹皆淡去。三楼的东面开有一个巨大的门，可以供人走出碉堡，踏上环绕亚历山大港的城墙。然而，我仅仅在城墙上走了几步，眼前的景致和光线就失去了埃及建筑中常见的朦胧感，取而代之的是矛盾和冲撞带来的震撼与眩晕。

该如何描述眼前的景象呢？城区的楼房层层叠压着延伸至内陆，屋顶阳台上的卫星盘和清真寺的宣礼塔错落有致，宛如刚登陆海岸的千军万马，彼此挤压、争夺着残留的空间。城区居高临下，俯视着宽广的海湾，港口是完美的圆弧形，看上去犹如一把阿拉伯弯刀，又似新月嵌于海中。这广阔到令人心生畏惧的海湾中，停满了密密麻麻的小渔船。船身涂着艳丽的色彩，在阳光下熠熠闪光。白日的地中海，仿佛拥有五彩的繁星。

这片海湾为现代亚历山大港人提供着生存基础。在埃及当下的经济几乎可以说是一片混乱的时候，向自然索取是亚历山大港人最简单和直接的选择。男性，无论长幼，出海打鱼才可换来几日餐食。

回看历史，这片海湾是亚历山大称雄世界的最初舞台。宽广的圆形海湾围出一个优良的港口，从托勒密统治时期到古罗马统治时期，亚历山大港慢慢发展成为地中海地区最为重要的商业城市之一。香料和丝绸自东方来，由阿拉伯商人先运抵亚历山大港，再转运至西方的罗马帝国，每一道程序都开辟着赫赫有名的商道。而从亚历山大港开出的运河连接着尼罗河的凯诺匹克支流，货物可以经海洋至沙漠。在埃及境内，东方的商品和西方的财富可以毫无阻碍地连接起来。

毫不夸张地说，古希腊、古罗马时期的埃及亚历山大港就是地中海地区的财富宝库，城内的居民身处来自世界各地的奢华产品中：银器、陶瓷、葡萄酒、橄榄油、香水、玻璃、纺织品、纸张……巨大的世界被收纳进一片海湾，亚历山大港犹如一个聚集了千万风华的万国宫。

我还记得，一位在古希腊时期居住在亚历山大港的佚名海员撰写了著作《厄立特里亚航海记》，其中记述了一条以埃及为起点的航线：从亚历山大港出发，由南向东经过达累斯萨拉姆、阿拉伯海岸、波斯湾、印度半岛、马六甲，最后到达提奈斯地区——目前无法推论这是否就是中国。这是古代西方人首次在文字记载中提到通过海路接近中国。居住在亚历山大港的希腊人沿着这条海上丝路，大量引进了中国的丝原料。自此，丝织品成为亚历山大港权贵、富商的身份象征，也为希腊神话中的众神增添了华丽的贴体外袍。

我看着眼前密密麻麻的小渔船，仿佛穿越时光，回到了古希腊时期的海湾。这里曾有壮观的、千帆尽展的景象，来自世界各地的大小商船停泊在港口，无数高耸的桅杆宛如一片森林。它们或许经历了波斯湾与红海的浪涛，船舱内的珍珠与乌木正待卸下；它们或许从中国泉州出发，途经印度，远航至此，一列排开的巨大的福船上满载丝绸、陶瓷和香料，船员们正奔跑于港口与甲板之间，怀揣着归乡的兴奋和对未知世界的好奇；它们或许已扬起风帆，只待环地中海而行……各异的语言和面孔交织，让整个亚历山大港被自信且充满活力的世界主义氛围笼罩。

　　我抬头，仰望奎贝堡的顶端，一根高高伸向苍穹的旗杆犹如灯塔的尖顶，巨大的埃及旗帜正在海风中招展。

　　据说，曾经的亚历山大灯塔的最高点有一面巨大的镜子，能在白日反射亮眼的太阳光。镜子下方有圆柱形灯火楼，在夜间燃烧着常年不灭的火焰。因此，无论日夜，驶入亚历山大港的商船都能在远处望见一抹闪亮的光点，昼白夜橙。在海上漂泊的岁月中，这点亮光是船员和海商们最期盼的存在。他们必定经常站在甲板上，在茫茫迷雾中热切地找寻着这点亮光。

　　光点闪烁的背后是新世界的中心，浪涛拍打的角落有归乡的信号。

　　回头，此时，一艘小渔船慢悠悠地驶入了堡垒投向海洋的阴影。渔夫放下双桨歇息，抬头一瞥，恰好与我四目相对。他略带腼腆地一笑，随之大方地摆手向我招呼道："欢迎来到亚历山大港，这是一座英雄之城！"与城内无数普通人一样，他深知自信的欢迎就是最好的开场白。和埃及的其他城镇相比，亚历山大港对外来访客有着更为开放和好奇的姿态，热情中不带任何拘束。我好奇这是否源自古希腊、古罗马时期遗留在此的文化心态，毕竟，当下的亚历山大港在历史上有太多的血缘和种族融合。或许，在亚历山大港人成长中的偶然一刻，祖辈在闲聊中曾道出这片土地有过怎样繁荣和开放的面貌，这便潜移默化地成为他们代代相传的对待世界的自然姿态。

宽广的海湾形如伸展的双手，在拥抱海洋与世界，而每日居于此地的人们，极懂接纳的意义。

在我身后，碎钻般闪耀的海面上，一支远洋货轮商队正在朦胧的水汽中徐徐驶入海港。随着苏伊士运河的开通，来自东亚、南亚、南欧等地的商船可以沿着古代海上丝绸之路的线路，更便捷地往返于东西方。亚历山大港已不再是这条线路上最重要的中转地，繁华已逝，它背靠着伟大的过往，正努力地维系着与世界的关系。甲板上的水手们，想必已经看见了在我身旁飘扬的旗帜和雄踞在海湾的亚历山大港。他们是否会激动呐喊？还是只感空虚和孤单？唯有大海才知道他们的情绪吧。但是，我想，如果水手们深知这片水域的传奇，也能理解这座城市存在的意义，那么，他们的漂泊人生就已足够傲人。

海湾没有封闭，亚历山大港也依旧热情开放。地中海上的明灯渐暗，但还远未到熄灭的时候。

知识的永恒

　　我站在堡垒的顶端，遥望城区。在港口与石堤的交叉处，我能看见一座庞大却低矮的圆形建筑体。椰枣树稀疏地环绕其侧，建筑体外墙的暗灰色在满城建筑的乳白色中格外显眼——这是新建的亚历山大图书馆。

　　人类的文化遗产，在漫长的历史长河中似乎总与几个元素密切相关，亚历山大图书馆便是其中之一。仅仅是它中文名字的 7 个字，于我而言，已承载着足够浓郁的古典浪漫主义色彩。遗憾的是，古希腊时期的亚历山大图书馆已经湮灭在古埃及与古罗马的权力之争中。我不禁好奇，这座新建的图书馆是否继承了其前辈的遗风。

　　从堡垒步行至图书馆，需要途经一小片闹市区。若港口是亚历山大港的舞台，这闹市区就是亚历山大港的幕后世界。我随意走进一条与海岸垂直的狭窄街巷，地中海的明亮日光瞬间消散，眼前只剩阴暗一片，甚至连温润的海风也变得阴冷。茶馆里的男人们注意到了我的经过，窃窃私语，继而集体注视着我。在埃及的时日，我常常好奇路人看向我的眼神中究竟蕴含着怎样的情感——好奇、淡漠、腼腆、兴奋……种种情感，无法细数，但在这条狭窄街巷中，路人脸上尽是漠然。我眼前的亚历山大港的幕后世界混乱又急躁：面饼店里，一个男孩被火钳烫了手，正在向父亲大声抱怨；3位手捧餐巾纸的老妇人倚在路边，伸手示意我购买；烘焙咖啡豆的店铺里，咖啡豆撒落满地；几个原本正在打着桌球的男孩看见游客面孔的我后，沉默地聚拢到我身旁；正在修理汽缸的出租车司机愤怒地喊叫，赶走男孩后，追上我要"小费"；几乎每一辆经过的摩托车都会停下来询问我是否需要搭乘……引擎声、招揽声、欢呼声，汇聚成一支奇妙的交响乐，而只有亚历山大港人才知其中的节拍和韵味。这些街巷中的生活被密集的楼群掩盖着，犹如在被幕布遮蔽的慌乱后台上，人们如蝼蚁一样忙碌，渺小但饱含生命力。

片刻后，我站在图书馆前的广场上，先前那低矮的建筑体此刻显得格外宏大。巨大的花岗岩外墙上雕刻着各类图腾、纹饰、符号，涉及世界各地的语言，包括已近乎消失的文字。这并非虚张声势的炫耀，而是饱含历史底蕴的世界文化自信。

在阳光的照射下，亚历山大图书馆墙面上的图腾、纹饰、符号，像极了埃及南部神庙里的壁画。

在古希腊时期，亚历山大图书馆毗邻王宫花园。与其称之为图书馆，倒不如说它是当今大学的雏形。图书馆内曾有大型的图书室，庭院清幽、神庙肃穆、音乐厅乐声悠扬、会堂热闹……丝路商贸经济的繁荣孕育了自由、开放的文化氛围，当时的亚历山大港内居住着众多来自世界各地的科学家、文学家和哲学家，他们得到托勒密王室的资助，栖身于亚历山大图书馆，将所有心血投注于科研和创作。亚里士多德、阿基米德、欧几里得、卡利马科斯……人类群星闪耀在这里，亚历山大港既是古代世界科学知识的研究中心，又是现代科学长河涓涓细流的源头。

在那个时代，人类正在觉醒，智慧像烟花般绽放于亚历山大港。

然而，如今，这片皇家区域一半沉睡于海底，一半深埋在地下。老旧的电车每日叮叮当当地行驶在昔日葱郁的花园连廊上，不见学者、诗人，唯有在街头寻工的民众在徘徊。

旧城已逝，新城亦显苍老。

步入图书馆，市区的喧嚣退去，内部温馨、明亮的光线一扫外部的阴晦，我之前穿行闹市区时亢奋与紧张的心情即刻间转变。抬头看去，透明的玻璃顶棚横跨整个图书馆，日光肆意地洒下，主阅览室显得非常明亮、通透。半倾斜的顶棚由南向北逐渐变得低矮，直到与木地板相连。阳光和天然木材的温暖互相交错，散发着一种古希腊独有的雅致气息。在顶棚较高的一侧，我能看见7层互相堆叠的平台错落有致，3道木质阶梯分别从左、中、右底部蜿蜒而上。走在眼前的木质阶梯上，我仿佛走在古希腊、古罗马时期亚历山大港城内议会厅外的大理石阶梯上，一种肃穆感油然而生。在每一层平台上，靠近中间阶梯的两侧书架密集地向两端排去。人们拾级而上，书架逐渐抬升，宛如知识在这里步步升级。

我粗略地浏览了一遍，书架的类目涵盖文学、地理、天文、法律、艺术、医学、科技和国际政治，几乎覆盖所有古代亚历山大港傲然于世的重要领域。在托勒密三世时期，亚历山大港繁荣的商贸交流为图书馆提供了得天独厚的藏书条件。途经亚历山大港往返东西的商船络绎不绝，按照当时的律法，所有商船必须上交船内的书稿和手稿，待城内的皇室书写员抄下其内容，才可离港，而所有在亚历山大港登陆的游客，也需要将自己随身携带的书籍存下，由图书馆决定是将图书抄写后归还原主，还是将其留在馆内，并给原主适当的补偿。通过抄写、购买和留存，鼎盛时期的亚历山大图书馆中的藏书达到了惊人的 70 条万册，几乎包含几大文明古国当时在哲学、诗歌、文学、医学、科学等领域内最宝贵的知识。其中，不仅有荷马的《伊利亚特》、欧几里得的《几何原本》原稿，而且有令当今埃及学家扼腕痛惜的《埃及史》。

　　一条汇聚东西方珍品的海上丝路在亚历山大港中转，成就了文化的宝库。我不禁好奇，当来自中国的商人驻足此地，古埃及人曾抄写过我们的哪些文学作品？在抄写汉字的过程中，书写员是否会畅想遥远东方的故事？这都无从得知，但和我们面对古埃及神庙壁画中的象形文字时难免一知半解但始终充满好奇一样，理解的缺失并不妨碍我们展开想象，也无法抑制我们探求、交流的意愿。有想象的空间，才有交往的热情，而这，本就是学习和开放的动机。

　　毋庸置疑的是，亚历山大图书馆是当时世界上最宏大的文化殿堂之一。世界各地的学者纷纷慕名而来，他们踏上商船，漂洋过海，在一盏明灯的指引下走入书香弥漫的藏书库。在他们离开亚历山大港的那一刻，他们身怀的知识不再独属于任何一片土地，而成了全球共享的智慧瑰宝，在往后岁月中的黑暗和迷茫时刻，引导人类走出争斗和愚昧的迷雾——如同一盏永远闪耀在心头的明灯。

站在平台的顶端，整个阅览室一览无余。进馆前，我得知今天在此学习的人数已达上限，很担心拥挤感太强，但进馆后，我发现书架与高大立柱的巧妙组合让书桌如置隐秘之境，馆内的人们仿佛都在我的视线之外，丝毫没有拥挤感，不可谓不神奇。

馆内密集排列的高大立柱具有极强的戏剧性，初看如古希腊神庙的柱廊，然而，当我细细观察顶端——立柱与玻璃顶棚相连之处，竟然感觉那造型很像待放的花蕾。我突然想起，这是纸莎草的形状！纸莎草生长在尼罗河畔，有着极强的韧性，可通过研磨、晾晒，制成用于书写的纸张。古埃及人最早将植物薄膜制成书写材料，他们把纸莎草称为 papyrus，现代英语中纸张的单词——paper，正是由这个词演化而来的。

有纸，文字内容才得以广泛传播，知识文化才得以代代相传。薄纸构筑着文明的基石，形如纸莎草的立柱支撑着当下埃及的文化宝库。此刻，阳光凝聚在立柱顶端，在玻璃的折射下，散发着彩虹般的光芒。

虽然阅览室满员，但此时一片寂静。我走过几张书桌，发现伏案学习的并不局限于学生。有身穿黑袍的中年女性，有渔夫模样的男性，有裹着头纱的女孩，也有烫着爆炸头的男孩。他们无比专注，仿佛在尝试弥补人生过往的缺失和遗憾，抑或在憧憬未来道路的自由和光明。

在很长的一段时间内，古代亚历山大图书馆是学者们探索和认知世界的殿堂。在现代埃及，阿拉伯世界的人们仍在这里寻找着自己的人生答案。

顺着阅览室出口的一道楼梯，我来到了图书馆位于地下的部分，这里珍藏着古埃及古王国时期和古希腊、古罗马时期的考古珍品。在一个幽静的角落，两幅巨大的马赛克砖画吸引了我的注意。在昏暗的展厅中，它们素雅的色调反而显得美丽动人。

我先望向左侧，左侧马赛克砖画上是一只栩栩如生的、坐立着的斑点狗，白毛，黑斑，腹部的毛色明亮且洁净。它身姿挺拔又威武雄壮，双耳警觉地竖立着，仿佛正在接受主人的指示。它两只眼睛斜视着，正好与我四目相对，炯炯有神的眼眸让它看上去活灵活现。它的身旁，是一只倾倒在地的黄金水壶，显然是主人为它准备的饮水壶。可以看出，这并非普通家庭的狗，而是享有优渥生活的权贵家庭的宠物。画面的颜色依旧鲜亮，上万块马赛克并未在时光流逝的过程中失去原有的色泽。砖画的边缘装饰着精美的橄榄树枝，细腻的花纹与几何图案相互交错，尽显华丽、富贵。

再望向右侧，右侧马赛克砖画的主体是两位正在摔跤的古希腊武士。砖画已有大半损毁，但画中残存的武士仍显威严之态，赤裸的上身有着极为流畅的肌肉线条。

通过旁边的铭文可以得知，这两幅马赛克砖画是在新亚历山大图书馆建造时的工地上发现的，很可能是古代亚历山大图书馆地面的一部分。望着这两幅古希腊匠人的精湛作品，我似乎能看见一位居住在古代亚历山大港的学者身着一袭白袍，在北方的烈日暴晒中穿过王宫花园，踏入亚历山大图书馆。他走在铺满马赛克砖画的地面上，耳边皆是学者和科学家的静谧对话。

仅仅是砖画就拥有如此烦琐、精湛的匠气，古代的亚历山大图书馆该是何等的气派啊！

古代亚历山大图书馆的消失至今是历史学家们心头的迷雾，它没有留下任何确凿的面貌，也未被记载确切的地理方位。目前较为流行的说法是公元前47年，恺撒攻占埃及，帮助克里奥帕特拉夺得王位时，港口燃起的大火意外吞噬了海港附近的皇家图书馆。古代亚历山大图书馆的确切位置，至今仍然扑朔迷离，只能确定大致范围是现代亚历山大图书馆附近的大学区域——这里是托勒密时期的皇家领地。无论古代亚历山大图书馆在何时、因何故消失，这两块马赛克砖画展现的精湛技艺和富贵之气，都让它们被认为应属权贵所有，考古学家们大多愿意相信它们属于古代亚历山大图书馆。

古埃及的历史常常笼罩着一层悲怆的朦胧光晕，在充满英雄主义和古典浪漫色彩的古希腊时期，无解的真相或许才是更适合它的命运归途。

我转身，看到展厅中央有一座小巧的大理石头像——亚历山大大帝。年轻的他有着一头卷曲的头发，微微抬头间，深陷的眼窝透着些许忧郁，目光凝视苍穹。他在悲伤什么？在思索什么？他在历史舞台上的登场如此声势浩大，骄傲且霸道，以旋风般的速度席卷半个世界后，却如流星般早早陨落于尘埃。所有关于他的事迹，皆闪耀着属于古希腊天才的光辉。我回想起自己在埃及南部的卢克索地区见到的神庙，那些法老的石雕常通过在视觉上给人以巨大的压迫感来展示其伟大与功绩，而将古埃及带入新世界、推动半个世界步入新纪元的亚历山大，他的形象雕塑只有两个拳头般大小，显得极为小巧，完全无法匹配他在古埃及历史和世界历史中所扮演的非凡角色。他的纪念物，即使是在他自己的都城中，都小巧得好似不值一提。仿佛他本人从未存在过，他的名字只是一个符号。

　　亚历山大大帝并未在埃及广袤却荒凉的土地上有过多的停留，他来去匆匆，只在尼罗河口留下一座古代的国际都市。

　　年轻的亚历山大师从亚里士多德，他深爱古希腊文学，梦想成为一个史诗般的英雄，并且建立一个以希腊文化为核心的帝国。在他游历和征服过的土地上，希腊文化都生根发芽，他深深地影响了多地民众的生活与东方艺术审美。亚历山大踏上印度的土地后，希腊雕塑和印度佛教相互碰撞，产生了巨大的火花，诞生了壮美的犍陀罗艺术。往返在东西丝绸之路上的商人、教徒和匠人，偶然将犍陀罗艺术带入华夏后，亚历山大崇拜的希腊诸神便隐身在犍陀罗艺术中，进入了中国。纵然希腊文化在佛教的汉化过程中逐渐失去本色，但我们走进敦煌莫高窟，依旧可见融合在中国传统艺术中的希腊元素：高挺的希腊式鼻梁、柔顺的希腊式衣褶、佛陀的希腊式波浪卷发……希腊神话中的阿波罗、赫拉克勒斯、狄俄尼索斯从西方走来，走入了东方艺术的殿堂：阿波罗的形象很可能催生了拟人化的佛陀，赫拉克勒斯则演变为了护法金刚。同时，伴随着亚历山大征服半个世界的脚步，以及商队、使者的往来，东方的文明与生活方式，也沿着古丝路，对东地中海地区产生了深远的影响。

亚历山大用自己雄心勃勃的短暂一生，点燃了丝路上东西文化熔炉的火焰。人类的语言、文学、艺术、生活、体育和科学，开始融合成更绚丽多彩的经典。

眼前，亚历山大面露忧郁，他心中的悲喜谁能知晓？从未踏上华夏土地的他若能知悉，在我们光辉灿烂的石窟中，也有他年少时崇拜的奥林匹斯众神的面孔，他是否会微微一笑呢？

走出亚历山大图书馆，已是橙色的日暮时分，一钩弯月轻轻地搭在椰枣树冠上。奎贝堡亮起微弱的灯光，港湾中的渔船正随风漂摇。站在临近海港的出口，我远眺亚历山大图书馆圆形的轮廓，它犹如一轮巨大的圆月，一端轻轻翘起，另一端深入地底。设计师将这圆形的构造称为知识和时间的永恒循环，然而，在我眼中，这微微翘起的结构更像是一个半按下的开关，一只巨大但无形的手指此刻正在轻轻按压，只需要再稍稍用力，这开关或许就能为亚历山大港开启一扇全新的大门。

蒂娜憧憬着亚历山大港的奥马尔·沙里夫和克里奥帕特拉，对一座城市的向往贯穿着她的一生。亚历山大在这里遥望着世界，他的一生点亮了这座城市。

第七章

马六甲

满刺加的爱与愁

满刺加展新颜

有一座城市，仅凭名字便如雷贯耳，当地旅游局曾自信地喊出口号："观光马六甲，就如观光马来西亚。"

我对马六甲的向往，从年少学习地理时便已开始，我时常想象：一座与古中国有着千丝万缕关系的城邦内，一定留有诸多历史印迹。

它的创立者——来自室利佛逝的王子拜里米苏拉，于永乐元年派遣使者抵达南京，被明成祖封拜为"满刺加国王"。满刺加（今马六甲）因地理位置得天独厚，迎接过从明帝国远航而来的高桅巨帆，也吸引了葡萄牙人、荷兰人、英国人对东方货物的贪婪目光。

抵达马六甲的第一个日暮，月见草静静开放在无人注意的海岸旁。斜阳投下细碎的霞光，在绸缎般的海面上点燃一撮撮金色火光。沙鸥展翅，短促的叫声反而让傍晚显得更加安静。海浪涎玉沫珠，将金光揉碎，复又织补上。

马六甲海峡清真寺矗立在海边岛屿上，由于离水面很近，远看就像一座漂浮在海面上的宫殿。火红的晚霞余晖映衬着清真寺金色的穹顶，宣礼塔中传出的宣礼声和海浪声形成共鸣，如棉如絮的云层像一块密布锦绣纹样的毯子，覆盖在清真寺上空。

一位华裔老人站在我身边，看着血色天光下西北逐渐暗沉的天色，缓缓说道："今天晚上会有暴风雨。"

我诧异地望向他，问："您是气候学家吗？仅凭肉眼观察就能判断夜晚的天气？"

他摇摇头，微笑着说："我是根据郑和船队的阴阳官留下的'占天诀'判断的。"

郑和！这个遥远又伟大的名字，承载着明帝国的海上探险梦想，完成了从江苏太仓到忽鲁谟斯国（今伊朗）的航海史诗。自他的船队第一次抵达满剌加算起，600多年后的今天，一位异国老人居然还能根据当时的阴阳官留下的占天口诀判断海上云谲波诡的天气。

每次出海远航，郑和的船队都会配备72名阴阳官，船上设立3层天文观测台，每层天文观测台安排24名阴阳官值班。阴阳官日看风雨，夜观星斗，充当现代气象观测员的角色。昼夜占候时，如发现天色异变，阴阳官需要立即汇报。总结经验后，阴阳官们留有一套口诀，观察天色时："朝看东南黑，势急午前雨；暮看西北黑，半夜见风雨。"观察太阳时："早日暮赤，飞沙走石。

日没暗红，无雨必风。"老人正是根据这些旧事，得知夜晚风雨欲来。

告别时，老人笑着对我说："得空去老城转转吧，郑和留下的印迹还有很多。"

次日清晨，马六甲老城潮湿的石板路上泛着青色的微光。城市中心被运河分割成两片区域，皆为世界文化遗产，却风格迥异。

运河一侧矗立着荷兰红屋、圣方济教堂，以及葡萄牙殖民遗迹。街心花园内种满郁金香，摆放着奶牛雕塑与风车雕塑，西欧风格浓郁。

运河另一侧则密布中国传统风格的建筑。走在鸡场街上，古时修建的街道曲折幽深。其中一条街被誉为"富翁街"，当年，许多靠着贸易发家致富的华人在此添置房产。古宅外墙上镶着烧制了精致纹样的瓷砖，大门上有瑞狮门扣，窗棂上则镶龙嵌凤。骑楼屋檐下，微风吹过，描绘着吉祥图案的纸灯笼有节奏地轻轻摇摆。

虽然多为富豪之家，这里的门楣却与国内豪门府邸的门楣截然不同。近代，荷兰统治者根据门的宽度收税，所以房屋建筑者普遍压缩门的宽度，与之对应的是大大增加屋子的长度。一栋典型的马六甲古宅，从进大门开始，客厅、院子、天井、厨房、卧室、厕所、后院等均在一条直线上，从大门走到屋内尽头，长度足有百米。这些历史建筑如今大多被改造成商店、餐厅，如曾经养在深闺的淑女被驱使着劳作，慌忙脱下华袍，披上罩衫，开门做生意。

马六甲老城的风貌与我的想象差别很大。来到这里之前，我以为古城是一幅水墨画，被岁月磨砺得内敛、含蓄。真实的它则是一幅色彩鲜艳的油画，缤纷、亮眼的色彩被肆意泼洒在社区高楼的外墙上、街道上空悬挂着的伞面上、酒吧门口的招牌上和往来居民自信的眉眼中。哪怕一栋普普通通的居民楼，也被涂抹得像雨后彩虹。住客穿梭在狭窄、弯曲的楼道中，如同在色彩迷宫中寻找回家的路。

曾经繁忙的老运河上行驶着用3种语言循环播放旅游信息的电动船，那些直通商肆的木甲板早已不在，河边的米店、香料店，变成了外国游客最爱的酒吧。岸边，印度裔大叔们费力地踩着被装点得花枝招展的三轮车，为了吸引游客光顾，车上挂满了塑料鲜花与卡通玩偶。潮起潮落间，海上贸易通道早已向马六甲海峡转移，老城经济悄悄地完成了转身。想要寻找古早味与烟火气更浓的满剌加，需要远离游客济济的市中心，到1公里外的百姓社区逛一逛。

步行离开市中心30分钟有余后，街道氛围明显变得闲适。骑楼开间的招牌上写着××百货公司，英文字变成了繁体字，褪色的黑漆招牌看上去有些年纪了。宽约3米的骑楼走廊内，当地百姓经营的午间茶室开始营业，华裔老板将简易餐桌摆放好，等待着熟客的光临。一位年逾古稀的老伯吃力地将餐车推到路边，点燃煤气桶，撸起袖子开始炸春卷。不到5分钟，他面前便排起了长队，居民们拿着布袋高声说道："我带5个回家！"

我在 2 月来访，正值春节。红灯笼串成的农历新年装饰肆意张扬着，不远处的三宝庙香火鼎盛，尤为热闹。寺庙的燕尾脊高高翘起，描金的彩龙盘旋在飞檐上。寺内亭院一侧立着一尊郑和石像，他身穿戎装，气宇轩昂。郑和七下西洋，五过马六甲，他的传说与故事、信念与勇气，源源不断地给马来西亚华人提供着攻克难关的力量。三宝庙内的郑和石像，见证了诸多华人艰辛的创业历程。

用脚步稍稍丈量城市，便可发现多处郑和船队驻扎满剌加的历史遗迹——三宝山、三宝井、在官仓遗址修建的郑和文化馆……我内心升起幽微的骄傲情绪——一段属于中国人的海上传奇在异国他乡烙下了重重的钢印，让每个来访的中国人都倍感亲切。

郑和为何被这座城市如此缅怀？故事要从永乐年间说起。

航海史诗的书写者

　　幽暗的南京明皇宫内，龙纹釉里红烛台照亮永乐帝严肃、板正的脸庞，包括郑和在内的几个心腹在他身旁垂手侍立。那一年，永乐帝朱棣获得了"靖难之役"的胜利，朝堂渐有平和之相。来自封地北平的新任皇帝，见识过北方城墙外的广袤风光，不甘心将志向囿于繁华、精致的金陵城中，他的目光更远，远到要和元朝一样，与疆域外的世界有更深、更紧密的连接。

　　他问郑和："三宝，你认为西方在哪里？"

　　此时的郑和，早已不是那个刚刚走出云南边陲小村的不谙世事的懵懂少年。明王朝初期的兵乱让他不得不告别家乡，被收编为太监，进入朱棣的燕王府。燕王朱棣爱重他的机智与忠心，视他为亲信。"靖难之役"时期，他陪燕王叱咤战场，夺下政权。因立下赫赫战功，燕王成为新皇帝后，将他升为内官监太监，史称"三宝太监"。郑和才过而立之年，便稳居大明王朝的权力中心。"臣以为唐玄奘法师西天取经，抵达的是天竺。西方是旧时天竺所在的德里苏丹国，若再往西走，最远能到忽鲁谟斯。"

　　在郑和回答这个问题前，皇帝早已属意他成为一支庞大船队的指挥者。他即将带着皇帝的远大情怀与经贸方针，打通一条从中国到西方的海上文化与贸易之路。

南京城郊，在河汊纵横、延至长江的空地上，龙江宝船厂日夜赶工，木屑横飞。在国家机器的强力驱动下，几艘面积相当于 3 座太和殿的宝船，以及无数战船、马船、粮船、仪仗船，很快集合成了一支堪比海上城堡的船队。

永乐三年（1405），江苏太仓。

强劲的东北季风呼呼刮起，将巨帆吹得猎猎作响，一支载着 2.7 万余人，由 62 只大船组成的船队，浩浩荡荡地从太仓刘家港顺风启航，开始为海上丝绸之路书写华美篇章。首航的终点是古里港（今印度卡利卡特），这座古印度半岛的著名港口是任何国家的商船都能停泊的自由港，号称"西洋诸番之会"。自古罗马以来，欧洲人不断寻求东方的神秘香料，撒在牛羊肉上，端去贵族的宴会，为其增添光彩。在古里港，以胡椒为首的香料的利润是其成本的 60 倍，哪个商人拥有从香料生产地批发来的胡椒、麝香、肉桂、豆蔻等，等于手握无尽的财富。沿途许多港口国的命运也随着郑和下西洋悄然发生着变化，钱币与货物、香料与果蔬、建筑与技术……逐渐走出各国的方寸之地，随着海上丝绸之路的畅通得到交换与创新。

然而，所有的困难在广阔无边的海面上都被放大。无风浪时，大海如深邃无波的眼眸，带着近乎冷酷的平静注视着航海人的一举一动，消磨着航海人的意志。当船员松懈、犯困时，小心！这眼眸可能会忽然变得血红，余光扫过处，海浪仿佛是从水下乍然惊现的无数触角，轻易掀翻不稳当的船只，顷刻之间将船员拽进无尽黑暗的深渊。

航行途中，郑和作为总船长，时常站在首船的船头，一边眯着眼睛，盯着一望无际的海面观察情况，一边听各部门人员前来汇报。

"宣阴阳官速来报告今日占候结果。"

"还剩下多少淡水？到下一个港口，立刻取水，务必装满水船并补充食盐、烧酒与蜡油。"

"船里的牲口没发生疫病吧？小心保管米、面、谷类，千万别发霉。"

"储备的胡萝卜、土豆还有多少？吩咐厨子泡发黄豆与绿豆，将黄豆芽与绿豆芽作为蔬菜提供给船员补充营养，并多煮泡些绿茶分给大家喝，仔细别有人关节疼。"

……

这样的命令，郑和每日都在发布。一座"海上城堡"的航行，不仅要走对大方向，还要事无巨细地操心，以便最大限度地避免人员在航行时病亡。

绕过岛屿众多的南海，与大明关系友好的满剌加成为重要停泊地。马六甲海峡是沟通太平洋和印度洋的最重要的海上通道，船队经过这里，可以抄近道抵达西方。此地香料品种丰富，能交换到船队需要的诸多贸易商品。郑和船队用来自中国的瓷器、丝绸，换取了用麻袋装裹的胡椒与各种香料，这些热带特有的商品会在古里被再次交易，从阿拉伯、欧洲商人手里换回巨额的财富。

除了贸易，船队还在传播和平的态度与先进的知识。郑和出发前，永乐帝下令永不征伐沿途国家，船队人员需要以天朝使者的身份与小国交往，不可欺寡，不可凌弱。郑和牢记御旨。第一次抵达满剌加时，满剌加是一个"渔猎与钞掠的地区"，郑和以明朝使节的身份帮助满剌加王国平定内乱，并且协助满剌加王国缓解了当时面临的海盗问题及外敌侵扰问题。

马来西亚史书《马来纪年》中记载，郑和曾组织当地军民筑起古城墙，修建东南西北四座城门，制定一整套警卫制度，派人日夜巡逻，保卫都城。

随着满剌加王国与明朝船队的关系日益和谐、牢固，国王允许郑和船队在此建立官厂。有了海外官厂，航行旅程被缩短了不少。据传，当时的人们都说满剌加王国的海边矗立了一座小小的中国城。城中道路笔直，水井充裕，有供官员办公的木楼，有供士兵操练的营房，还有一座座粮仓和各种仓库。损坏的船只在此修补；多余的货物与银锭在此暂存；郑和还在此安排了医官、医士，得病的船员可中途下船前来医治，等恢复健康后，随着返航的船队回国。

当地惯以蕉叶盛放美食，自郑和设立官厂，便引用中国瓷器，在宴会上用青花瓷餐具盛放美食。郑和安排驻扎军队在三宝山挖了7口井，并向当地人传授挖井技艺，帮当地人找到了永不干涸的清冽水源。

除了在满剌加建有官厂，郑和船队还在苏门答剌、古里与忽鲁谟斯设立海外基地，为下西洋之旅带来诸多便捷。以航程终点古里与忽鲁谟斯为例，大型船队在此休泊期间，可派遣小型船队走短途支线，大大扩展了贸易范围。返航时，明月之珠，鸦鹘之石，沉南、龙速之香，麟狮、孔翠之奇，梅脑、薇露之珍，珊瑚、瑶琨之美，皆充舶而归。

满剌加日益安定繁荣的局面，吸引了各方商贾前来交易。来自欧洲、波斯湾与印度的宝石、珍珠、香料、象牙、犀角与郑和船队带来的丝绸、瓷器、茶叶、青铜器、铁器在这里频繁交易，阿拉伯商人开始称这里为"马拉卡"——各式各样货物的集散中心。

除了货物与财富，珍稀动物也随着海上丝绸之路的打通走进了大明帝国。

一路上，郑和为各国赠送中国特产，投桃报李，不少国家也毫不吝啬地向中国赠送各种物品，包括珍稀动物。如今，我们在动物园见到犀牛、大象、骆驼、狮子、金钱豹等动物，一定不会感到稀奇，但在当时，它们的出现不亚于《山海经》中描述的远古神兽走进朝堂，令所有人啧啧称奇。

永乐十三年，郑和回京时带着一只奇异的动物——东非麻林国因郑和使团来访，遣使牵出一只"异兽"向永乐皇帝进献。记载中，这只异兽"高近两丈，身似鹿，灰色，微有文，颈特长，殆将二丈，望之如植竿"。

听闻有奇异的动物从天地之极的远方国家来，整个明朝廷轰动了，永乐帝亲往奉天门主持欢迎仪式。

看到那只奇异又美丽的动物，大臣们皆以为罕，你一言我一语地讨论开来。

"我看它一双星眸炯炯有神，充满灵气，两只耳朵竖立着，颇像龙首。"

"我倒觉得它身形类鹿，丰骨神异，灵毛莹洁，蹄子有力。"

"大家看它像不像古籍中的麒麟神兽？！"

"像！这分明就是麒麟啊！陛下！"

后人看了画师专门为"麒麟"画的肖像，不禁莞尔一笑——画的明明是一只长颈鹿。

珍奇动物只是郑和完成远航，回归京城时带回的奇珍异宝之一。永乐帝非常满意郑和下西洋的成绩，一直坚定地支持着航海事业的发展。

斗转星移、物是人非，永乐帝朱棣薨逝后，明仁宗短寿，帝国的最高统治者很快成了明宣宗朱瞻基。明宣宗信任的重臣对发展航海事业毫无兴趣，甚至觉得是劳民伤财的工作。新帝对远航，甚至对郑和的态度可谓暧昧不清，做主中断了原先计划的第 7 次航行，指派郑和去南京监督营造大报恩寺。郑和与波涛一别数年，兢兢业业地做着新差事，绝口不提再次远航之事。只是夜深人静时，他难免会朝着龙江宝船厂的方向发呆，那一艘艘搁浅的宝船，何时才能再次扬帆远航？

明宣宗几番斟酌，最后决定效仿祖父，准许郑和再次带领船队下西洋。

从郑和首航到第 7 次启航，他的生命从神采飞扬、精力充沛的阶段走到了垂垂老矣的阶段，但他踏上甲板时，后背挺得笔直，依旧站在船头，一如当年。

远航中的某日，集结了所有光与热的太阳用光芒晕染云层，铺就绚丽至极的晚霞后渐渐落下海平面。那一天，郑和如夕日般陨落在无际的大海中。闭眼前，他应该是微笑着的，把生命交付给热爱的航海事业，许是他最好的结局。

伴随郑和数次远航的副手——福建人王景弘强忍悲痛，带领失去主帅的船队朝着既定的方向继续航行。茫茫大海间，无处不回荡着对郑和长久的思念与永恒的回忆。郑和前后带领数万人挑战汪洋大海，他们打通了一条无形的道路，打破了分割大陆的屏障，不同种族的人民从此通过海洋相识。

郑和的生命消逝在了那一天的大海上，但沿途国家因他而发生的改变在延续。印度喀拉拉邦沿岸名为"中国渔网"的捕鱼方法；印度尼西亚的三宝垄式建筑；华人与东南亚土著通婚后诞生的"土生华人"新种族；留存在马六甲的中国文化……桩桩件件，都与郑和下西洋有关。不少亚非城市的华夏后人甚至为感念与回报郑和的帮助，将他奉为保护神，替他建庙树碑、记载功绩。每思至此，我便对那个辉煌的中国航海时代充满怀念与感激。

在中国船队完成 7 次航海的壮举后，历史的时钟以航海为轴，悄然拨动着全球的命运。1405 年，郑和船队首次下西洋；82 年后（1487），葡萄牙迪亚士船队到达好望角；1492 年，西班牙哥伦布船队抵达美洲；1498 年，葡萄牙达·伽马船队抵达印度科泽科德（旧称卡利卡特）和非洲索马里……地理大发现从此开启。

香料往事

逛完老城区中与郑和有关的几处遗迹，听闻郊外有香料集市，我的肾上腺素立刻激增，急切地想去看看。

一进集市，浓烈的气味与色彩扑面而来，我一时没做好准备，赶紧转头去室外猛打了几个喷嚏，眼泪不自禁地流下。定一定神，稍微适应了一下集市内的空气后，我开启了香料之旅。

只见朱红色、褐色、明黄色的各式香料被装在开着口的大麻袋中，堆积如山，像极了丹霞地貌。这些香气逼人的植物自成王国。就算是顶级厨师，想玩转香料都需要极高的天赋与多年的钻研，更别提普通人了，想认全这些香料都很困难。

集市中会集着不同民族的卖家。戴着小白帽的马来男士面前放满了丁香、青柠檬、姜黄、姜、香茅、叻沙叶、班兰叶等香料，它们是将马来菜或娘惹菜煮出好滋味的帮手；华裔夫妇主卖辣椒、花椒、茴香，以及几种常见于中国福建、广东、广西与海南的混合香料调料包，来此挑选的华人主顾喜欢选购几包家乡调料包来保证餐桌上的祖传口味；逛集市的人在拥有棕褐色脸庞、卷曲头发的印度商人面前永远能找到肉豆蔻、小茴香子、芫荽子、芥末子、黄姜粉、辣椒等香料，印度人擅长使用以上香料搭配出丰富的咖喱口味。

我与一位祖籍是古里的印度摊主相谈甚欢，买了他家不少咖喱后，请教了不同辣度的做法。健谈的他露出洁白的牙齿，笑着问我："有没有兴趣学一下传统的香料议价方法？"

我忙不迭地点头，真是求之不得。

他示意我们各自伸出右手后，请帮工用一块布盖上我们两个的手，说道："以任意一袋香料为例，我是买家，现在拉你的手掌，代表愿意付500元。如果你不同意，就伸出一根手指，意思是得再加100元，以此类推，伸出两根手指的意思是得再加200元。谈不拢，我们就松手，谈得拢，我们击掌。记住，一旦击掌，不能悔改。"

被布盖着的右手传来粗糙又温热的触感，他握住我的手掌，补充了一句："当然，我刚刚是为了教你规则才说话，真的议价时，买卖双方都不开口，只用眼神交流。"

尝试了一次后，抽回手，我恍然大悟。我曾在喀什牛羊巴扎看到的那对老人，也是沉默地在袖中议价。当时我猜不透的袖中乾坤，一定是类似的动作。这个古老的交易方式竟神奇地打破了陆地与海洋的界限，传播得如此遥远，这便是丝路的魔力吧！

向印度摊主道谢并告辞后，我完整地逛了市场一圈，发现了一个有趣的现象：胡椒，统一了所有摊主的审美，我几乎可以在任何一个铺子中看到它的身影。这些小小的褐色球形香料如今是每个厨房必备的调味品，与最常见的盐、糖摆放在一起。许多餐厅甚至会为了让顾客方便地自己调节味道，在餐桌上放一瓶胡椒供大家自助。

谁能想到，在"地理大发现"之前，胡椒昂贵至极，价比黄金。它从南亚的热带雨林传入欧洲后，受到王公贵族的极力追捧。翻开菜谱，宴会上，许多主菜上桌后的最后一道工序是把胡椒撒在盘子里的食物上，如同日本贵族将金箔小心翼翼地撒在和牛上一般稀奇。

在 15 世纪早期的威尼斯，谁若敢偷一把胡椒，就如打劫了银行一样严重。传说中世纪欧洲有一座城邦面临敌军攻击时，敌军将领称只要城主交出库存的胡椒，便可放城内百姓生路，但城主居然悄悄携带胡椒出逃，留下城内火光冲天、哀鸿遍野。这个黑色传说，从侧面讲述了古代人命竟然不如胡椒珍贵的悲惨故事。

我在葡萄牙里斯本的餐厅中遇到过仿古的牛排菜单。当时见到菜单上有"黑胡椒牛排"，我以为是用黑胡椒粉、盐、黄油、洋葱等调配而成的黑胡椒酱佐以牛排食用，没想到上菜时，厨子当着我的面在炙热的牛排上撒满完整的黑胡椒颗粒与奶油汁后，骄傲地介绍："请享受'黑美人'特有的芳香。"且不论直接咀嚼黑胡椒是否符合现代人的饮食习惯，那位厨子撒黑胡椒颗粒时的得意神色我至今记忆犹新。

眼前比肩继踵、繁忙热闹的集市，正是马六甲自古就作为繁华的香料贸易重地的日常缩影。随着时间老人不知疲惫地奔跑，某种意义上，香料改变了郑和船队远离后马六甲的命运。一个又一个航海强国于 15 世纪崛起。率先出发的葡萄牙在香料金梦的驱使下努力向东方靠拢，马六甲变成了香料争夺战中葡萄牙的殖民地。1640—1641 年的马六甲战役后，荷兰人在柔佛人的帮助下从葡萄牙人的手中夺取马六甲，暴力地赶走了其他的欧洲竞争者，垄断了香料贸易。香料是"地理大发现"事件的主要诱因，不过，西方列强殖民东南亚后，促成了香料在世界范围内的广泛种植，打破了它维系千年的神秘与昂贵。

我曾经到访葡萄牙，现场考察后发现，这段历史留给葡萄牙的记忆与其留给马六甲的记忆完全不同。

古欧洲的海洋文明集中在地中海区域，安踞一方的葡萄牙首都里斯本直指大西洋。在大航海时代来临前，这里似乎不太拥有话语权。大约在公元前 1200 年，这里凭借得天独厚的地理位置引起了腓尼基商人的觊觎，腓尼基人在此修建港口，称之为"宁静的港口"。后来，拥有海洋经验的希腊人来了，迦太基人也来过。里斯本在婴儿时期被这些精通海洋贸易的民族抚养过，命里注定有一天它会一跃而起，成为主宰海洋的王者。

意大利作家皮诺·卡库奇如此描述这座城市："整个里斯本弥漫着一种'Saudade'（萨乌达德，葡萄牙语和加里西亚语中的词汇，是一种情感状态表达，表达了因失去关心或喜爱的某事或某人而产生的怀旧或极度忧郁的情感状态）的调调，尤其是空旷的地方。呼吸着特茹河飘来的气息，隐隐有一种难以言喻的感觉。缅怀中带着点遗憾，同时又有乌托邦带来的忧郁。"

里斯本念念不忘大航海带来的光环，城中的贝伦塔是航海时代具有象征意义的灯塔。曼努埃尔风格的装饰像藤蔓一般在白色外墙上攀爬、蔓延。伊斯兰的花窗、印度的螺旋尖顶、欧式的基座与各种海洋风格的雕刻彰显着无与伦比的精妙与奇巧。一座灯塔被塑造成海上宫殿，明确地向众人传达着葡萄牙的"地理大发现"领航者的身份。

绕着贝伦塔走一圈，如同翻阅一部葡萄牙航海日志。无数多桅船队在此踌躇满志地启航，在欢呼声与葡萄酒雨中抵达。当然，也有许多不归的水手，被阴暗、狂暴的暴风雨吞噬，成为海洋中的一缕游魂。

几百年来，那些远航水手的家人们一定会定期来到贝伦塔旁，任凭风吹乱头发，盯着苍茫的海雾，视线定焦在遥远的海平面上，数着分别的年头。贝伦塔因此常年点灯，它双向连接着思念与梦想，让远航的人认清家的方向。

贝伦塔与航海纪念碑是一对孪生子，它们一同矗立在港口，彰显着帝国的野心。纪念碑有着弧度，指向大海，活脱脱像在乘风破浪的帆船。船头，一群男士在指点江山。站在最前面的男士戴着贵族帷帽，手捧帆船，凝视海洋。他是唐·阿方索·恩里克（Infante Dom Henrique，1394—1460），他的墓志铭上写着："维塞乌公爵（Duque de Viseu）。葡萄牙王国亲王、航海家。"

恩里克诞生时，有人预言："他必将进行伟大且高贵的征伐，更为重要的是，他必将发现他人无法发现的神秘的东西。"谁能想到，这场伟大的征伐在这片陆地之外，"神秘的东西"竟是世界的另一端。

恩里克对葡萄牙航海业最大的贡献是开荒与奠基。出生在波尔图的恩里克自幼熟悉行驶在杜罗河上的货运帆船，20来岁时，他搬到葡萄牙西南海岸的海滨小镇萨格里什定居，整天跑去造船厂学木工。他把目光放得很远，脑海里常规划着几条赛道，第一条赛道通向盛产谷物与染料的摩洛哥，再远一些，是飘溢着香料香气的印度，也许某天，手边《马可·波罗游记》中遍地是黄金与丝绸的中国也并非不可抵达。

彼时，首都为伊斯坦布尔的奥斯曼帝国垄断了陆地上的丝绸之路，就连经红海到达印度洋和经两河流域到达波斯湾的海路也全部被霸占。那些梦想中的财富，需要另辟一条道路去获得。

第一场也是唯一一场恩里克亲征的"热身赛"的目的地是位于摩洛哥的休达。恩里克的船队迅速攻占休达，在那里，他从摩尔商人口中得知，撒哈拉大沙漠的另一端，有数个盛产胡椒、黄金、象牙的"绿色国家"，如几内亚、冈比亚、塞内加尔、马里（南部）和尼日尔（南部）。他的野心逐渐膨胀，要开拓海路，到达"绿色国家"，乃至更远。

为了实现这个远大的目标，恩里克王子如同一个苦行僧般舍弃荣华富贵，终身不娶，来到西南地区并不富裕的萨格雷斯定居。他创办的航海学校群英荟萃，他投资的天文台可供瞭望星辰与大海。不远千里赶来的科学家、地图绘制家、数学家和天文学家齐聚一堂，广泛收集文献并编绘书籍。贝伦塔雕像上的多桅三角帆船在此被研发与制造，这种船的研发与制造有跨时代的意义，它的行驶不再依赖风力，在逆风的情况下也能平稳前行。我在泉州海事博物馆中观摩与海上丝绸之路有关的船模时，发现古代最具有代表性的船就是我国的福船与西洋的多桅三角帆船。

在这座航海学校中，有位名字叫哥伦布的人接受了培训。多年后，由于葡萄牙对自家的航海理论知识过于自信，拒绝了哥伦布的航海赞助要求，将他推给了西班牙，无意中造就了另一个航海帝国的诞生。那是另外一段故事了。

恩里克王子穷尽一生，在航海事业上耗尽财富，他去世前并没有看到葡萄牙作为航海帝国的崛起，但因为有他，人类命运的齿轮加速转动，"地理大发现"时代一步步走近。在他去世 39 年后，他梦中的印度被葡萄牙航海家发现了，完成这个宏愿的就是大名鼎鼎的航海家达·伽马。奋起直追的西班牙派遣的哥伦布船队发现了新大陆，只是，他们以侵略者的身份，用枪炮和细菌殖民新大陆，令美洲深受其害，许多无辜土著的性命被生生剥夺，留给后人一声叹息。

纪念碑下的大理石地面上刻有一张世界地图，葡萄牙船队行驶的路线与时间被清晰地标注。孩子们带着小狗在地图上奔跑、嬉戏，完全不在乎这张地图对国家的意义。

历史啊，早已轻轻地翻页了。

距离里斯本40多公里处，有一个直面大西洋的陡峭岬角。灯塔在此长明，十字架铭刻诗句，航海传说在此延续。恩里克王子激发了后人对征服大海的兴趣，葡萄牙航队热衷于做第一个"吃螃蟹"的人，从大西洋出发，探寻世界的另一头。

我乘坐公车，辗转来到罗卡角。之前听说这边凛冽的海风难以捉摸，动不动就化作张牙舞爪的海魔，勾人掉下悬崖，我心中惴惴不安。攀登上几块大岩石后，我惊喜地发现当日惠风和畅，海面蔚蓝又平静。

中国人看到山水便喜欢开启思考，我也不例外。十字架石碑上雕刻着一句小诗："陆止于此，海始于斯。"这是关于起点与终点的辩证思考。本土的终点不代表世界的终点，当年，葡萄牙的野心恰恰是从这片海域开始无限延伸。

我半趴在木栅栏上，感觉当天的大海平静得有些冷漠。天地那么空，仿佛一切都没有发生过，但明明，这里发生过无数惊天动地的事。

葡萄牙探险船队从里斯本启航后，必会绕过罗卡角，踏上征途。罗卡角是一座天然的里程碑，目睹了一件件航海史上的大事。巴尔托洛梅乌·迪亚士（Bartolomeu Dias）在一场风暴后发现了好望角，船只绕过了非洲最南端的事实成为一记开拓航路的重锤；达·伽马率队抵达了印度，带回了无尽的财富；卡布拉尔的船队发现了印度洋上的马达加斯加，随后到达了毛里求斯；阿尔布克尔克征服了印度的果阿地区和马来西亚的马六甲；1513 年，葡萄牙人终于找到了中国，停留在屯门外的伶仃岛；1542 年，葡萄牙船队意外发现了日本岛。

直到几乎完成了"地理大发现"，西班牙、英国、荷兰才慌忙加入赛道。一个个地图上的坐标被葡萄牙船队点亮，很可惜，他们忘记了自己的初心是成为贸易者，而非侵略者。

当人忘记关闭欲望的阀门，便化身成为安徒生童话中的小女孩。她不听劝说地穿上了红舞鞋，舞鞋绑架了她，她必须不停地跳，跳到双脚流血，跳到精疲力竭。

葡萄牙脚踩别国的土地，将他人的伤疤变成荣誉勋章。然而，掠夺了足够的资源后，它在"暴饮暴食"中加速衰老。老天不再赐予它幸运，瘟疫、大小地震频繁伤及王国元气。1807 年，拿破仑的铁骑攻入葡萄牙时，王室狼狈出逃，一路坐船到巴西避难。很快，它无力维系巨额的海外管理开支，将掠夺来的土地还了不少回去。

1775 年，毁灭性的地震带走了里斯本的繁荣。真是令人心疼的讽刺：若昂五世之子若泽一世肆意挥霍祖先积累的财富，将里斯本建设为穷奢极欲的都城，而这奢华在一夕之间殆尽。这种戏剧性的毁灭就如同今天的海洋，任凭昨夜疾风掀起滔天巨浪，今天云烟尽收，只剩下天地间的"空"。

若能请出擅长写怀古诗的巨匠陈子昂，先告诉他葡萄牙海上帝国的崛起与陨落史，再让他看看眼前波澜不惊的大海，他一定会悠悠吟出："念天地之悠悠，独怆然而涕下！"

曾经处于航海大时代掠夺旋涡中的马六甲，如今恢复了独立与平静。

我想起中国的航海史。不少人认为我们错过了大航海时代，便是航海弱国，其实不然，中国自古是海洋强国。自周朝起，中国便拥有水师与船舶建造技术。《史记》记载，周武王在位的第九年，下令主掌舟楫的官员集结船只运送军队出征。自汉代起，连接欧亚的陆上丝绸之路为华夏带来了源源不断的文化交流与财富，另一条连通中国与世界的贸易之路也在不断的航海实践中蓬勃发展。

公元前112年，汉武帝刘彻出兵10万，赢得了与南越国的战争。随着南越国与印度半岛之间海路的连接，汉武帝灭南越国后凭借海路扩大了海上贸易规模，这时，"海上丝绸之路"兴起。《汉书·地理志》记载，其航线为从徐闻（今广东徐闻县境内）、合浦（今广西合浦县境内）出发，经南海进入马来半岛、暹罗湾、孟加拉湾，到达印度半岛南部的黄支国和已程不国（今斯里兰卡）。宋代，罗盘针的运用与造船技术的突飞猛进让远洋路线越拓越长。宋元时期，中国人重视商贸，敢于冒险，政府财政的很大一部分来自海外贸易收入。与此同时，随着海外贸易规模的扩大，来自异国的文化、科技、技术、人才源源不断地涌入中国。

有几座伟大的古港口跨越时光，现在还欣欣向荣——舟山群岛以最短的距离将江南的精致丝绸运往海外；广州成为南海北岸的著名都会和舶来品集散中心；泉州成为宋元时期的世界海洋商贸中心。

海洋对那时的中国人来说，是疆域的自然边界，也是海上贸易与探险的起点，这与"陆止于此，海始于斯"的思维核心不谋而合。但是，中国人的海洋征程不带有攻击性。郑和七下西洋，船队路过许多国家，郑和与他们交换的是货物，留下的是文明与礼仪。

每每想到这点，我便由衷地觉得中国航海行动像一个敞开的温暖怀抱，留给世界一个大大的拥抱。

爱与乡愁

　　探索马六甲的这几日，总有一些瞬间会勾起我早年频繁往来于新加坡、马来西亚时的美好回忆。

　　譬如，我珍藏着一张照片，照片中的我穿着大红色加峇雅薄纱与印满藤蔓花纹的纱笼，与身边一位温婉的黑衣女子一起摆出叉腰的姿势，笑容灿烂。

　　几年前，我在新加坡的一所马来土生华人（泛指华人与马来人的后代）私人博物馆内，参观了峇峇娘惹文化特有的家具。馆主是第六代峇峇（华人与马来人结合后的男性后代），他告诉我，他年过 40 才开始研读家族故事，狂热地收集所有与峇峇娘惹文化有关的文物，将它们放在家族老宅中，给有兴趣的人参观。

　　照片中的女子名唤佩婕，是个小娘惹（华人与马来人结合后的女性后代）。佩婕与馆主是好友，两人志同道合，一同传播传统文化。与佩婕相识纯属巧合，彼时，馆主拿起一套传统服饰，问我有无兴趣试穿。我急忙点头答应，谁知，加峇雅上衣竟没有一颗纽扣，纱笼下衣摊开后是一块长长的布。我站在试衣间前颇为发愁，这可如何穿上身啊？佩婕见状，主动上前帮忙。只见她先拿出 3 个镶满水钻的银色胸针，代替扣子固定住加峇雅，再处理纱笼下衣，用来包裹下半身的纱笼在她的巧手间被摊开又被聚拢，最后妥帖地围住我的腰身，成为一条半裙。她笑着对我说："你穿上这套衣服，就像一个正宗的小娘惹！做小娘惹就要姿态婀娜点，跟着我，显出你的曲线，让你的朋友为你拍一张照片留念吧。"

咔嚓一声，这个美妙的场景被记录了下来。

这趟私人博物馆之旅激发了我对峇峇娘惹文化的浓厚兴趣。犹记得离开前，佩婕告诉我，马六甲完好地保留了峇峇娘惹文化，许多马来土生华人的后代依旧生活在那片土地上。

为了深度体验这个族群的生活，我住进了马六甲一家用马来土生华人的豪宅改造的民宿。走进大门，抬头就能看到蓝天白云，院子正中放满了寓意吉祥的橘子、金橘、菠萝与兰花。我站在敞亮的院子内环顾四周，精美的红色阁楼包围着我，地上铺着英国进口的格纹瓷地砖，用苏格兰生铁铸造的雕梁与酸枝木混搭着做成了楼梯。明清的古雅、马来西亚的华丽、巴洛克风格的浪漫在此汇集。我被这里的富丽堂皇震晕了，眼前出现了一位小娘惹的幻影，她眉如柳，发似云，头上簪着一串洁白的茉莉花，手提食盒，含蓄地微笑着请我入内。阳光洒在纱笼的裙摆上，衬得她如真似幻，引我走进缱绻的老电影。

管家阿华告诉我："豪宅的主人愿意将名下一部分老宅改造成民宿，是希望更多人了解这个文化，它不仅是游客的栖息地，更是一个博物馆。"

环顾四周，走廊里的多宝架上放着几双珠子鞋。一双精致的珠子鞋以至少20种颜色深浅不一的微小珠粒为材料，所用图案不局限于中式图案，更多的是创作者根据自己的审美为其创作的充满变化的图案。由于材质光滑，珠子在光线的反射下熠熠生辉。在这里，珠子鞋是长辈评判少女是否贤惠的"考卷"，鞋的质量与鞋上珍珠的数量展示着小娘惹的绣工。小娘惹长居深闺，常在绣架前一坐便是一天，纤巧的十指串起一颗颗珠子，串出了繁华，也串尽了青春。

底楼一间房间被设置成婚俗展示厅，展示着百余件古董和珍藏品。婚房内不乏用典丽的金漆木雕工艺制作的家具，新娘的婚服为满绣凤冠霞帔。小叶紫檀抛盖首饰盒内躺着各色绝美首饰，玳瑁光、明月珰，精妙无双。我甚至看到了一个珍贵的点翠头冠。

我问管家阿华："为何马来西亚民间有如此多昂贵的中国物件？"

他告诉我，第一批中国商人追随郑和而来，之后常往返两地做生意。这些商人为了守住南洋的家业，通常会与当地女子通婚，聘礼之一便是装满精美中式首饰的妆匣。

我被民宿主人的财力与情怀深深打动，询问管家我是否有幸采访民宿主人。管家阿华面露难色，颇为踌躇："先生年事已高，平日已很少公开露面，若您是同行，可能……"他不再说下去。

我赶紧解释说自己是一个文字工作者，只是因为对相关文化特别感兴趣，所以想和老先生聊聊他的故事。阿华表示，他可以去问一问。

第二日，上午，太阳还像一只彻夜燃烧的火球，传递着燥热，午饭时忽来一阵狂风，暮云叆叇，雷嗔电怒，倾泻而下的暴雨打得窗外宽大的蕉叶噼啪作响。

阿华通知我，民宿主人甘仁邀请我去隔壁私宅一坐。我赶紧打起伞，在阿华的指引下赴约。甘仁先生看上去已逾耄耋之年，稀疏的头发全然花白，黝黑的皮肤上布满斑点，但那双眼含着淡淡笑意，任由皱纹在眼角游走。他穿着简单的棉白衬衫与长裤，安然地坐着，右手握着一把红酸枝木竹节形拐杖。他说话的声音很轻，语气缓慢："听阿华说你喜欢这里的文化，我很欢喜。老曲子需要年轻的歌喉唱给世人听。"

他身后的高墙上挂着写有"慎终追远"4个大字的匾额，匾额下方挂着一张用玻璃相框装裱的老年女性的照片，略微发黄的黑白照让她慈祥的脸庞看上去有些模糊，依稀可辨认出她身着一套典型的娘惹长衣（Baju Panjang），双手交叠，握着一条手绢。

"这位老娘惹是您的母亲吗？方便问一下她的祖籍是哪里吗？"

甘仁缓缓站起来，抬头望向照片，眼中流露出无限温柔。"她是我的干娘，父家祖籍是泉州。我自小在亚答的浮脚厝长大，自懂事起，从未见过父亲，只知道他是华人，年轻时过番谋生而来，某天出海后就再也没有回来。我的母亲是马来人，每日捕虾换钱，将我养到 10 岁。还记得那天清晨，我躺在竹地板上半梦半醒，她要出门，和我告别时穿着淡黄色加峇雅。那天中午的天气和今天一模一样，从浮脚厝的屋顶漏下的雨像鱼线一样粗，风大极了，像是要把浮桥吹断，椰树林里漆黑一片。村民告诉我，我母亲拎着鱼篓摔下了木码头……"他忽然哽咽，我不敢作声。

沉默间，阿华捧着一壶香茅茶进来，轻声请我们喝茶。看到我们神色凝重，他猜到甘先生提及了沉重的往事，便不敢多打扰，将茶盏放在桌上后便离开。我望着茶桌，紫檀木围挡布满精致的镂空雕花，珍珠母贝镶嵌其中，闪着莹莹光辉。很难想象眼前这位富有的老者，童年竟如此不幸。

扑鼻而来的香茅香气混杂着屋内的沉香香气，甘先生的情绪、记忆与故事在香气中徐徐展开。

我不愿打断他的思绪，便带着对他的好奇，继续静静聆听他的故事。

甘仁继续说道："舅舅说养不活我，把我交给头家（马来小老板的统称）去做工。13 岁前，我在羔呸店（南洋的茶室或咖啡馆）伺候过茶水、在巴扎炒过粿条、在路边卖过槟榔，直到头家搬家到马六甲，对我说养不起多余的工人了，送了我一套擦鞋工具，让我自力更生。唉，当时我的全部家当用一个破布袋便能装完，每天靠擦鞋赚的钱只够吃饱一顿饭，晚上睡在割胶厂外的空地上。

一天，我早上有些发烧，迷迷糊糊地在鸡场街擦鞋时，在一位客人的白皮鞋上抹了黑色的鞋油。那客人一脚踢在我胸口，布袋、竹鞋凳都散在地上，他犹嫌不解气，嚷嚷着要我赔他的皮鞋。"

听到这儿，我倒吸一口气，这几乎是在要一个少年的命啊！

"后来呢？"

"后来，她出现了。"甘仁又一次看向相框，温柔的眼神停滞一瞬后飘向远方，"那天，她穿着一件翡翠色的长衣，梳着很美的娘惹式发髻，30 多岁的模样，脚上穿着一双半新的羊皮女鞋，一看就是在百货公司买的。她给了男人一些钱，打发他走后，蹲下来帮我捡东西。我感激得想给她磕头，她忙说不用，如果我觉得过意不去，就去她家帮忙把新买的米、面搬进厨房。她住在鸡场街旁一栋很宽敞的宅子里，嘱咐我把大门口的货物搬进靠近厨房的小天井。当时，我肚子饿得咕咕叫，脚步有点发虚，却丝毫不敢怠慢。搬东西时，我听引路的婢女说主母年轻时丧夫，寡居多年。我来回跑了几次，第三次时，她来大门口给了我一块香兰椰丝卷，说我可能没吃东西，先垫垫肚子，随后，她把我的布袋和凳子要走了，说去擦一下方才摔在地上时沾上的浮尘。"

"香兰椰丝卷的味道啊！"甘仁停顿了一下，仿佛口腔里还有悠长的回味，"我咬了一口，那真是天底下最好吃的东西。想咬第二口时，我忽然舍不得了，在怀里揣了一会儿，我究竟还是咽了咽口水，把它藏进裤袋。搬完东西，我去找慈悲的阿姨，却看到她背对着我，拿着我的布袋在掏什么东西！我失望、愤怒极了！心想她明明过得不错，为何连一个穷小子的营生家伙都不放过，一定是寡居没了收入，吃老本吃光了！"

我听得心里咯噔一声，一时不敢相信，忙说："甘先生，是不是哪里弄错了？"

甘仁拍了一下自己的脑袋，继续说："当时，我气急之下夺了布袋和营生家伙就跑了，跑到桥上才停下来直喘气。我想赌气把剩下的半块香兰椰丝卷扔进河里，却突然意识到布袋好像重了不少，赶紧打开检查，发现里面多了一包用油布纸包裹着的糕点。打开一看，居然是6块椰糖糯米糕！我真想抽自己耳光！当时，我的眼泪刷一下就流下来了。母亲过世后，我吃了许多苦，从没有吭过声，但那天，我坐在桥上，哭得声嘶力竭。

"我赶回她家，敲开门见到她后，跪在地上请她原谅我的冒犯。她只是微微地笑，说我愿意的话可以叫她铃姨。铃姨说，如果她的孩子还活着，应该同我一般大小，所以她不忍心见我被欺辱。我问她是否能留下我做个长工，我可以不要工钱，只要有个地方睡、有口饭吃就行。她思索了一会儿，对我说她最缺一个管事的人。她自幼只精通女功与厨艺，亡夫多年，家产日渐单薄，不得不靠卖房子和铺子度日，如果我能学习当管家，才是真正帮助了她。

"之后，我半工半读地住在她家，那日子和流浪的日子比有云泥之别。只是每到雨季，有像今天这般的雷暴雨时，我总因思念亲母而郁郁寡欢，又时常因想起自己连亲父的家乡在哪都不知而自怨自艾。一次，铃姨问清了我不快乐的缘由，在天晴后带我去了三宝山。那天，三宝山有不少人在扫墓，唱着缠绵的客家挽歌。铃姨告诉我，三宝山上埋葬着的中国人都是我的父辈祖先，与我同宗同源。她取了三宝井的水给我喝，说喝了这水，便如同回到了中国。那日，她坐在井边，说她也许一辈子都回不了父亲的故乡泉州了，思念故去的父亲时便会来三宝山，仿佛回到了家乡。"

听到此处，我暗自思忖。对游客来说，三宝山是郑和下西洋留下的遗迹，对马来土生华人而言，三宝山则是华裔先贤在这片土地落地生根的见证。怪不得历史上英国管辖者、马六甲巫统市区及野新区会、马六甲州政府屡次想铲平三宝山，发展它为商业用地，都遭到了马来西亚华人社团的强烈反对。华裔们一次次捍卫三宝山，终于让马六甲首席部长俯顺民意，把三宝山列为历史文化区。

"您前面说，铃姨是您的干娘，这是什么机缘呢？"

甘先生淡然一笑，说："我 20 岁时接管铃姨家的账目和运营。那时候，我发现身边很多过番打工的中国人在橡胶厂做割胶工，铃姨家的橡胶园却荒芜已久，甚至经常有猛兽出没。我打听到政府准备在附近修路，想着到时候物流通了，橡胶一定会涨价。于是，我重新打理了橡胶园，请了不少工人过去割胶。果然，不出一年，公路修好，运输成本下降了许多，我们赚了一大笔钱。在我 30 多岁时，福建的乡贤成立福建会馆，邀请橡胶园老板投钱做生意。铃姨派我去谈，我意识到除了传统的橡胶、黄梨的种植和加工生意，采矿、运输、船务等业务也能做。战后需要大量物资，经济恢复得快，生意便越做越大。我把赚来的钱交给铃姨，以前被迫卖出去的房子和铺子陆续被赎了回来——你这几天住的民宿便是其中之一。铃姨总说我能干，又与她过世的儿子年纪相仿，功劳巨大，便说服夫家亲戚，认我做了干儿子，记进了族谱。"

我佩服地望着甘先生，怪不得如今他将手上的老宅都修葺一新。

"那如今您还有什么心愿吗？"

"我的心愿是有一天回我在中国的家乡看看。如果实在找不到父亲的出生地，就回我干娘的家乡看看吧！"

天色渐晚，风雨停歇，远处传来阵阵蛙鸣。我感激甘先生告诉了我一位老华裔的苦难与奋斗史，祝福他身体安康后便起身道别。

从马六甲回到上海后，我时常给甘先生发邮件问候他，但是收到回复的间隔越来越长。某一日清晨，一场大雨不期而至，我收到阿华的邮件，邮件中写着："甘先生已于上周离世，临终询问，如果您去泉州，可否代他带一盒香兰椰丝卷，放在铃姨老家祠堂的贡桌上。"

我推开门，抬头望着滴答滴答落下的雨滴，头发潮潮的，心也潮潮的。

我终究站在了同一场雨中。

泉 州

第八章

刺桐花下的歌声

渔夫的歌声

对于一座城市，每个人都有独属于自己的记忆。和朋友们聊起对于泉州的印象或是想象时，大家的答案大多是"此地古称佛国，满街皆是圣人"，或者"苍官影里三洲路，涨海声中万国商"。与众不同的是，泉州最初在我心中的模样与阮玲玉的电影《蔡状元建造洛阳桥》有关。这部上映于 1928 年的黑白默片，为阮玲玉如流星般美丽、短暂的一生注入了最初的艺术光芒——

北宋年间，泉州一名屠夫将猪杂倾倒入洛阳江。污物化为蛇与龟，在江中掀起波涛。一日，一巨船经过此江，大浪不止。突然空中有神语："船上有蔡姓贵人，不可惹恼。"风浪遂平息，乘客得以平安归家。船上，一位蔡姓夫人有孕，许愿道："我儿如长大，必建桥于江上。"不久后，蔡夫人诞下一男婴，后成泉州城的蔡状元。蔡状元牢记母愿，状元及第后，娶了相国之女咏絮。咏絮与众神佑助，募集资金、人才，蔡状元终造洛阳桥，名垂青史。

电影曾在我儿时老家的祠堂天井中放映，胶片放映机的光束柔和地洒落，在夏夜的空气中如烛光般沉静。老电影跳动、颤抖的画面，满足了人们对电影世界的憧憬与向往，而今，电影胶片已经燃毁，世间无痕，就如阮玲玉，留给世人谜一般的传奇。

影片中被反复提及的洛阳桥，在漫漫时光中始终于我心头徘徊：一座浮于福建泉州水中的石桥，为何取名自千里之外的河南洛阳？

直至我已身处泉州洛阳江畔，思绪仍然难收。眼前这渚清沙白的闽南大河和流经中原、泥流滚滚的黄河大相径庭。

午后 3 点，洛阳桥上热闹非凡。海潮尚未涨起，洛阳江露出湿润的江床，众多小渔船在退潮后东倒西歪地半嵌入淤泥中。我站桥头，由北向南望去，阳光中的洛阳桥宛如一条卧龙，闪烁着玉色光芒，笔直地卧于江上。远处，江中的红树林里时而有成群的白鹭飞起，翱翔桥上。红树林中，成排的红树似燃烧着的火焰，刺桐花骄傲地向游人述说自己对于这片土地的重要性——泉州在宋元时期最负盛名的雅号"刺桐城"，正是源自遍植城内的刺桐花。晚唐诗人陈陶在《泉州刺桐花咏兼呈赵使君》中写道："海曲春深满郡霞，越人多种刺桐花。"可见泉州当时种植刺桐花之普遍。我低头望向桥面，巨大且规整的花岗岩石板条无缝衔接，它们似罗马露天剧场中的石凳，亦似雅典奥林匹克体育场中被烈日晒得滚烫的石椅：苍老、庞大、充满史诗气息。历经千年的时光磨砺，我仍能清晰地辨识石匠凿刻的刀痕。此刻，游人熙来攘往，都默契地面朝西面，那是洛阳江流入泉州湾的海口，也是泉州城内为数不多可以直接感受海洋气息的地方。

前几天抵达泉州时，我曾在前往市区的途中寻觅海洋的踪迹，但所见的拥挤街道似乎与广袤的大海毫不相关。然而，我深知，泉州的故事源自大海，海上丝绸之路文明也与"刺桐城"有着千丝万缕的关系。从唐代开始，泉州就作为中国的四大海港之一与南海地区进行着商贸和文化交流。宋元时期，泉州是中国最繁忙的海港之一，往来东西的阿拉伯商人与中国商队从泉州湾启程，先驶过越南海和东南亚，抵达西印度群岛，再穿越波斯湾、红海，最后到达东非，泉州由此成为世界级别的贸易港之一。

行至刺桐城的马可·波罗曾记述："假如有一艘满载胡椒的商船通过埃及亚历山大港，那么就会有一百艘这样的船只驶入刺桐港。"不仅如此，保罗·托斯卡内利也在 1474 年致哥伦布的一封信中提及："盖诸地商贾，贩运货物之巨，虽合全世界之数，不及刺桐一巨港也。每年有巨舟百艘，载运胡椒至刺桐。其载运别种香料之船舶，尚未计及也。"这段不足百字的关于泉州港的描述，开启了哥伦布寻找香料岛的探险之旅，揭开了欧洲大航海时代的序幕。在某种意义上，泉州湾是中国通过海洋连接世界的早期重要参与者。

我走向洛阳桥中段，眼前的洛阳江广阔无垠。海风拂面，让身处其中者顿感身心怡然舒畅。洛阳桥铺成，天堑变通途，商船停靠的泉州湾与内陆市场有了直接沟通的通道。我能够想象，北宋时期一个平凡的清晨，刚刚停泊在泉州湾的商船上，水手们正将一箱箱货物搬运上码头。不远处的水面上，几艘木船正扬帆驶离泉州湾，水手的亲人在港口挥手告别。身穿异服、说着各国语言的商人们正在检视箱中的货物，正如《送福建李大夫》中所描绘的："秋来海有幽都雁，船到城添外国人。"来自内陆的人们挑着扁担，踏上洛阳桥，既将胡椒、槟榔、玳瑁、象牙等珍奇物品运送到省城，又将瓷器和各种香料运往码头。石桥无声，但我仿佛可以听见接踵而至的人们发出的叫嚷声与欢笑声——他们是每日面对普通货物的平凡人，也是串联起人类文明交流的主角。

在我身旁，一个头戴簪花和头巾的妇人背靠桥栏，席地而坐。她身前，铺开的麻袋上满满地堆着小海蛎。她一手握刀，另一手抓住海蛎，眨眼之间就已熟练地将海蛎肉取出，抛入身旁的红色水桶。

"这海蛎看上去很新鲜。"

"两个小时前刚出海捕的，来点儿吗？"

"是在桥墩上捕获的吗？"我身旁的一个小男孩问道。

"那可不行。"妇人的语气略显严肃，"桥墩上的海蛎不可取，否则这桥可能就塌了。我们得划船去江口，那里的海蛎更多。"她手指西边，刺桐花盛开的地方。

我起身，注视着河床淤泥中的两个渔夫，好奇洛阳桥的坚固与否为何会与海蛎有关。渔夫的周围，立着密密麻麻的、低矮的石板，每块石板上都覆满海蛎。它们在淤泥中时隐时现，一直延伸到桥墩上——这是洛阳桥的独创之处：

以碎石堤连接江底，作为桥基，工匠在其上建桥墩。筏形的桥墩宛如即将扬帆启程的船只，它搭载着洛阳桥，承载着来往商贾的梦想。桥墩上密布海蛎壳，仿佛在合力托举着石桥。

妇人向我介绍，这是泉州地区古人建桥的"种蛎固基"特色。泉州湾广袤、辽阔，河流从内陆奔涌而来，汇入大海时水势汹涌，矗立在水中的桥墩很容易被冲毁。善于与海打交道的泉州先人们将海蛎抛撒在桥墩下，海蛎迅速繁殖，附着在桥墩上，紧紧地将桥基和桥墩连接成一个整体。单个海蛎或许力量微薄，千万个环绕桥墩的海蛎则能稳固住泉州城内往来东西的商贾与使者的互相交流之梦。

眼前这个妇人盘头插花，俨然是来自泉州城外蟳埔渔村的妇女。这些天，我在泉州城内漫步，发现这里随处可见在路边剥海蛎的妇人，男人们则不见踪影。想必，这种生活方式和家庭结构，深受着大航海时代的影响。留在泉州家中的妇女们的身影常出现在滩涂和淤泥中，在烈日下培育海蛎，稳固着通往四方的石桥。海员们享受着航海贸易带来的荣耀，这些默默无闻的妇人则似乎被遗忘在了时光中。她们如同石墩上的千万只海蛎，沉默无言却坚强有力。

丝路历史没有给这些女性足够的关注，也许我应该前往她们聚集的蟳埔村，好好了解一下这些勤劳、美丽的女子。

"10元，都给你。"妇人麻利地将刚开好壳的海蛎装入袋中塞给我，"要涨潮了，我得赶紧回家准备出海。"

我提着一袋并未有意购买的海蛎，觉得沉甸甸的。

相较于白天的静谧，洛阳桥在傍晚时分焕发更多热闹的气息。再过几个小时，待潮水上涨，渔夫们便可出海捕鱼。人们心中多一分期待，气氛就多一分热烈。女人们挑着扁担奔走在桥上，在桥下的淤泥中，隐约可见涓涓细流将海水引入。歪斜着的渔船上，渔夫们开始整理渔网。3个男子斜靠在桥上的月光菩萨石雕旁，正默默注视着桥下的景象。菩萨面容慈祥，石雕上有古梵文图样，想必是古印度商人在泉州经商期间，印度教东传到泉州后的具象表达。

"你们是本地人吗？"见他们的面容与闽南男子有所不同，透着异乡的气息，我好奇地问道。

"河南洛阳人。"他们互相看了看，一个男子略带谨慎地回答。

"来这里旅游？"

"来找工，这里有很多洛阳老乡。"另一个男子补充道，"以前，这里有很多河南人。"

听着这3个找工男子的介绍，我开始在脑海中仔仔细细地找寻关于泉州历史的记忆。突然间，宛如一道闪电在脑海中划过，从小盘踞在我心头的疑问有了答案。

洛阳桥之所以取名"洛阳",是因为在石桥建成之前,本地有大量来自中原地区的移民。他们带来了农垦的经验,看到此地山川地势如同古都洛阳,便为这里取名"洛阳"。

所以,洛阳桥的诞生,本身就带着浓郁的乡愁,那是中原人对故土的思念。而走过洛阳桥,乘船奔赴世界各地的古泉州人,也必然会在某个寂静的海上深夜里,想起故乡的这座桥。恍惚间,我忆起余光中的《洛阳桥》,其中有这样一句:"多少人走过了洛阳桥,多少船驶出了泉州湾。"他用一个多小时走完洛阳桥,用一天创作出这首诗,述说的,却是他积淀了76年的乡愁。

在那个处处可见离别、常常奔赴远方的海洋冒险时代,本无生命的洛阳桥在岁月里幻化成了最具生命力的情感依托。

突然,一段豪迈的歌声打破了眼前的沉静。我循声而去,只见在桥的北侧码头,一个渔夫站立在渔船上,手握麦克风,在满怀激情地唱歌。他身旁的老式音响中迸出极为雄浑的声响,空阔的洛阳江上,空气似乎都在为之颤动。

他吸引了众人的注意,人群开始聚集在北侧码头。渔夫因此有了更多的兴致,他的歌声越来越高亢,一首接着一首,响亮得仿佛是古代船队在出海前齐齐击鼓。我听不懂闽南语,但这空阔江面上的渔夫独唱充满纯朴的力量,直抵人心,让人热血沸腾。围观的人们或坐在石阶上,或站在桥面上,也许是因为拘谨,显得略带冷漠,然而,从他们随着节拍抖动的手指和脚尖中,可以窥得渔夫质朴的歌声里有他们的人生记忆。

一时失志不免怨叹，

一时落魄不免胆寒。

哪怕失去希望，

每日醉茫茫，

无魂有体亲像稻草人。

人生可比是海上的波浪，

有时起，有时落。

好运、歹运，

总嘛要照起工来行。

三分天注定，

七分靠打拼，

爱拼才会赢。

……

渔夫唱起了《爱拼才会赢》，人群中开始有人轻轻跟和。

这首闽南语歌曲曾在我儿时风靡大江南北，时光荏苒，如今再次听到它的旋律，我依然能回忆起小时候身旁的大人们一同合唱的情景。对于绝大多数的内陆听众而言，这首歌有关青春、奋斗和迷惘，而对于泉州人而言，歌词描绘的几乎就是他们从古至今的人生故事。

泉州人以海为生，常随船出海，奔赴世界。他们引以为傲的财富，皆随海浪而来。然而，海船会沉没，商贸有成败，深爱的亲人难免会在思念中离去。当青年们踏上海船，成为水手，他们的一生就如海浪起伏，充满未知。

历史善于书写传奇故事，人们也更倾向于聆听海上丝路中的成功与荣耀。然而，海员的艰辛、商贾的失败、使者的失意等，也是丝路中无法被忽视的另一面。泉州人铭记祖辈的故事，深知在汪洋大海中破浪前行的不易，他们第一次听到《爱拼才会赢》这首歌，就默契地将其作为自己的精神向导。他们用对世界的好奇和贯穿生活每时每刻的拼搏精神，书写了人与大海之间永不退潮的故事。

渔夫忘情地唱着，他的歌声仿佛是在召唤着海中的神灵。海潮伴随着歌声缓缓地流入江中，慢慢地托起了渔船。泉州在世界海洋交往中的历史如此光辉闪耀，以至于人们有时会忘记刺桐城的后人们依旧在坚持传承海洋文化，他们的身体里，从未缺失过与海相处的基因。

渔夫的歌声，就是当下泉州的平凡人最为响亮的自白。

8 个世纪后回到家乡

站在洛阳桥上,我看着形如船舶的桥墩,思绪不禁飘向古人笔下的那些"冲波送浪,无所畏惧"的泉州古商船。在当地人的推介下,我决定前往位于泉州市区的开元寺,探访保留在寺内的一艘泉州古沉船残骸。

踏入开元寺,西街的喧嚷顿时消失在鸟鸣声与诵经声中。晨光透过枝叶,坠落在砖石地上,如玉珠在闪烁。我环顾四周,东西各有一座石塔在互相遥望,它们被掩映在繁茂的榕树后。这两座石塔如今是泉州的地标,曾经是泉州湾刺桐港的航标。僧人缓步走过佛雕,他脚下的石板布满青苔,悠远又宁静。虔诚的香客在主殿前秉香祈愿,有年长的妇女,也有年轻的少女。憧憬幸福与平安,没有年龄界限。

我沿着殿宇绕行,注意到殿后的一根石柱上刻有毗湿奴化身为人狮那罗辛哈驱散恶魔的故事。这根石柱来自古印度教寺庙,如今支撑着这座佛教庙宇,如不细细寻找,它便默默无闻。这也恰似曾经作为世界大港的古刺桐港在当下的姿态:低调、宁静、不争不扰。因为拥有宋元时期的世界级大港,泉州城内除了中外商贾云集,更有数不尽的各国传教士和旅行家,在长期、多元的文化接触与交流中,泉州城内罕见地存有印度教、佛教、伊斯兰教和基督教同处一条街道，各教信徒并肩共祈的场景。如今，这些异域文化留在了泉州市井生活的细微之处，泉州人都在自觉地保护着这段历时千年的精神信仰融合史。

根据僧人的指引，古沉船残骸位于东塔正对的殿内。

踏入殿内，登上几级石阶，眼前豁然出现一艘木船。岁月的洗礼与海水的浸泡并未使其风化，残骸依然展现着木船坚固的模样。它仿佛正徐徐向我驶来，给了我极大的压迫感。

我细细端详，沉船整体呈底尖身阔的形状，鸟瞰时趋于椭圆形。船底的龙骨被设计在船身外部，由两根松木紧密结合而成。船壳、船底和船舷由二重板和三重板巧妙拼接，众多榫卯和铁钉让船身、龙骨、舶板紧密结合，完美对应《梦粱录》中记载的泉州宋代古船的特点："以巨木全方，挽叠而成。"船尾高高翘起，形如水勺的长柄，沉船旁的铭牌对此有说明，尖底的设计不仅可以减少海水的阻力，还可以保证逆风行驶时的速度。鼓起的船身为船舱提供了更多空间，可容纳更多的货物和水手，同时尽量避免船舶在汹涌巨浪中颠簸晃动。开创性的水密隔舱设计，也最大限度地保证了航行的安全。

我阅读着铭牌上的描述，描述中满是考古学家难以掩饰的骄傲。那些专业术语，无不揭示着泉州宋代古船曾是海洋上的霸主。摩洛哥旅行家伊本·白图泰在自己的游记中细细描述过他亲眼所见的中国帆船："这些大帆船配备 3 根桅杆和 12 张风帆，它们从不下降，而是随风转向。大船周围常有 3 艘小船作为护航船，也可在大船因无风而停滞不前时作为拖船使用。航海者让他们的孩子们住在船上，在木桶里种植绿色植物。"这位曾亲临古代泉州的摩洛哥旅行家所描绘的中国帆船，正产自泉州。

我走进沉船旁的一个小展厅，里面陈列着众多从沉船上找到的物品：龙涎香、槟榔、乳香、胡椒、药材、瓷器、货牌、铜钱、贝壳、象棋等。沉船、香料，这简单的4个字，在我心里有足够的浪漫主义色彩。我不禁好奇，这艘沉船来自何方，原本准备驶向哪里，因何故沉没？众多疑问在心头，给了我更多探索的欲望。

令人欣慰的是，考古学家早已将我心中的困惑一一解开。

南宋德祐二年（1276），一艘泉州商船在历经两年的航行后，终于从南洋归来。它满载着来自南洋的香料，海员们原本打算将它们贩运给泉州城内的波斯商人，再由他们将其转卖至地中海沿岸和欧洲大陆。船只驶入泉州湾，海员们兴奋地齐聚在船头甲板上，疲惫中透着无尽的喜悦。他们踮起脚尖，凝望着港口，期待着能够在那里与朝思暮想的亲人团聚。然而，港口空无一人，彼时，曾经繁华热闹、泊有百艘巨轮的码头寂静无声。片刻后，一群手持武器的官兵突然出现，那并非海员们所熟悉的面孔。官兵登船，海员们惊慌失措、四散逃窜。宋元交替时，社会动荡，让海员们的归家之路变得曲折难行。商船在混乱中触礁沉没，随之沉入海中的，还有众多海员的梦想和对家的渴望。

这些登上商船的海员的人生，在茫茫大海和朝代更迭中被折叠了。

我读过许多沉船故事，它们多半是在海浪的翻涌中发生的，大海无情，灾难的发生更容易让人理解与消化。在开元寺读到这艘泉州古船的故事时，我罕见地如鲠在喉，难以释怀——就在离终点只有一步之遥时，船上所有人的生命和梦想戛然而止。或许，他们曾在远方亲历波斯人的盛情款待，他们曾目睹印度舞者在红土薄纱间的曼妙舞姿，他们曾品尝南洋美食的酸辣滋味，然而，他们目光注视的方向，始终是泉州城内东西双塔的所在之处——家乡的亲人与温情都在那里。

走出沉船馆，我仰望面前的东塔。千年前，这艘沉船并未停泊进泉州港，如今，它的船首正对着双塔，仅有百米之遥——它晚了8个世纪，终于到家了。

告别开元寺，穿过熙攘的西街，我驾车向东驶往泉州石狮镇。友人曾提及，石狮镇承载着泉州港的古今风华。

午后的小镇街头悄然无声，商铺门扉紧闭，空寂一片。路的尽头，高地上立着一座规模不小的妈祖庙。庙中香烟袅袅，想必前来祈愿的出海人并不少。妈祖庙立于海港对岸的高地，张望着海天之间，人们似乎是要让这位海洋女神拥有最广阔的视野。

在我的左手边，几棵苍劲的老榕树繁茂生长，树下有一位纳凉的妇人。还未待我开口询问，她已淡然地手指前方，说道："直走往前，石湖码头在那里。"

穿过一片绿荫，我眼前豁然开朗。虽名为码头，但眼下这片空旷之地更似一处荒废的滩涂。我的正前方矗立着一座小小的石亭，狭窄的出入口只有一人宽，是昔日为海关查验所用的亭子。透过窄小的门洞，可以瞥见亭子后有一条宽阔的石板路通向大海。我踏上石板路，俯身细看，还能在几块石板的两端见到栓孔。

与昨日所见的洛阳桥相比，这些石板被踩磨得更为破碎和光滑。尤其是在临海的区域，石板被碎石取代，仿佛被海浪击碎了一般。

这个古渡头和引堰均砌于海底的礁石盘上，泉州的古人在临海的斜坡上开凿出石阶，与步道相连，停靠在石湖码头的商船便可以轻松地在近海装卸货物。

在漫漫历史长河中，石湖码头与泉州的诸多码头一起见证了泉州港"千帆竞过，百舸争流"的鼎盛繁荣。宋代时，外国的巨型商船进入泉州湾后，需要先停泊在石湖码头附近的海域，等待泉州市舶司的官员登船检验货物。缴纳税款后，商船上的货物才会被允许进入泉州城门内的市场交易，来自世界各地的货物才有机会被送上洛阳桥。作为一段时期内进入泉州港后的第一个停靠站，石湖码头是很多外商对刺桐港的第一印象，也是众多归乡水手再见乡容的第一眼。每次海船入港，各国商贾会云集在我此刻所处的码头上，周围有商埠、酒家、客栈、钱庄、布行、陶瓷行、杂货铺……商人们在哨亭前排起长队，水手们吆喝着搬运货物，四周的商铺热闹非凡，叫卖声此起彼伏。

历经岁月洗礼，古石湖码头早已完成了自己的使命。繁华已逝，如今，一切都归于宁静祥和，只剩下温柔的海风、几位独坐海岸的居民，以及栈桥上古人留下的足印。我眺望不远处现代化的石湖港口，远洋货轮正排队驶向深海。它们满载粮食、电器、建材和日用品，驶向东南亚、非洲等地，这是泉州人的祖辈也十分熟悉的贸易线路。更远的海面上，一座跨海大桥连接起了泉州湾的东西两端，向古洛阳桥的前行方向延续着。

海浪涌动不息，商贸往来无歇，泉州人在海洋上驶向世界的故事远未结束。

我坐在码头古老的榕树下，看到强劲的树根撑破了地面的砖石，扭曲着蔓延向妈祖庙。我想起烈日下步行在西域大漠中的商旅驼队，想起在滔天巨浪中扬帆远航的东西商船……丝路古道，从来都不是只有浪漫与光鲜，它的背后，是人类的好奇心和对和平交往的渴望，它的肩上，扛着众多平凡人所付出的生命与辛劳。

历史的参与者，并非只有帝王将相，更多的是日常生活中的平凡人。

活泼的天际线

海上丝绸之路为泉州带来了多元文化与财富，也赋予了它活泼多变的"天际线"。走在古城中，天主教教堂的尖塔、清净寺的穹顶、大厝飞翘的燕尾脊、番仔楼的山花比比皆是，我一抬头，便能参与一场令人应接不暇的文化盛宴。

泉州市内与海洋关系最为密切的特色建筑当属番仔楼。明末清初，一场轰轰烈烈的"下南洋"移民运动在中国南部地区发生，大量泉州居民迁徙到东南亚打工求生。百年后，许多华侨凭借勤奋与聪明在东南亚站稳了脚跟，带着外汇返乡造楼。这类建筑，可谓风格各异的大杂烩。在一栋番仔楼的外墙上，巴洛克的浪花、哥特式的尖顶、古希腊的立柱都能被找到，就连西方豪宅常用的滴水兽，也被请到了番仔楼的排水管上。只是，这些滴水兽不再是张牙舞爪的惊悚模样，而是变成了吉祥可爱的灵兽。再看房屋内，有着闽南民居的标志性物件，比如，悬挂在门檐上，用于展示家族渊源的堂号。中西结合的奇异地方性，彰显了时代潮流，也暗示着当时的华侨在固守本地文化的同时接纳舶来美学的精神——宋元时期的泉州人是个中代表。

传统的闽南大厝上有着人类理想中"春去花还在，人来鸟不惊"的桃花源。这份氛围感，少不了剪瓷雕匠人的巧手营造。

瓷器是海上丝绸之路中的贸易大项。泉州从不缺色彩艳丽、质地晶莹的瓷片，聪慧的匠人以灰泥为坯体，收集各种颜色鲜艳、胎薄质脆的彩瓷片，用剪瓷钳子、灰匙等工具巧妙地将其剪成形状不一、大小不等的细小瓷片，贴雕出各种形象、生动的造型。这一新颖的美学创作与泉州日照充足、雨量充沛的海洋性气候相得益彰，能让建筑装饰经得起风吹雨淋的考验。

泉州古建筑保护中心的剪瓷雕非遗传承人为我介绍："戏剧雕塑的制作最有难度，因为要完全立体，力求栩栩如生。工匠需要先用铁丝或竹篾做骨架，用糖水灰打好泥塑坯形，再粘贴上瓷片。瓷片的颜色也有讲究，多选用明亮的中国传统色，比如亮黄、翠绿、胭脂等，更好地为剪瓷雕作品增添生动感。"

泉州老城的涂门街上，有大量多元宗教文化融合的建筑。其中，通淮关岳庙上精美的剪瓷雕美得令人流连忘返。正脊两端，20 余条飞龙卧于其上，它们气势磅礴，腾空飞舞，与屋脊正中的 3 颗龙珠与 6 个宝葫芦相映成趣。建筑师不仅考虑了神话色彩，还颇具创意地复刻了百姓熟悉的题材，将戏台子永久地保留在天空中。脊间，32 处"排头"都装饰着单人或双人骑马武士，雕的是"八仙过海"和"水泊梁山"的故事，大有吴道子"天衣飞扬，满壁风动"之画风。

由于供奉的是民间最为崇敬的关帝与岳飞，通淮关岳庙前香火缭绕不断，一双双真挚、虔诚的眼神饱含着人类最朴实的心愿。那一团团篾香燃烧后的袅袅香雾，弥漫在街头，别有一番景致。

一缕浮香的旅程

一缕香气，以其缥缈的身姿贯穿着中国悠久的文明。起初，它缭绕在远古祭礼中被人高举着的燃木顶端；随后，飘到荀子的鼻下，滋养身体；最后，被士大夫视若珍宝，并渐渐走进寻常百姓家。

它缭绕在庄严的宗庙门前，弥漫在文人的案头。"隐几香一炷，灵台湛空明。"闻香有养心养性之效，能使人心性澄明。文学家曾用大量的篇幅描述中国的香脉，比如，苏东坡将它请进宋词："金炉犹暖麝煤残。惜香更把宝钗翻。重闻处，余薰在，这一番、气味胜从前。"《红楼梦》中，它成为宝钗用尽四季花事、专营时机才得到的冷香丸，也隐于妙玉"香篆销金鼎，脂冰腻玉盆"的对句中。

从椒兰芬苾到沉檀龙麝，从名士的雅趣到百姓的日常，香气内饱含中国人的偏爱。

泉州与香有说不完的故事。之前拜访的石湖码头曾有个家喻户晓的名字——林銮渡。古渡口虽回归沉寂，但激越的涛声、鸣叫的白鸥，无不诉说着航海家林銮率先开通泉州直航浡泥（加里曼丹岛北部文莱一带）的航线，以丝绸换取香料的壮举。自他之后，泉州诸多海商看到了香料商机，纷纷参与东南亚地区的贸易活动，使香料贸易见证了泉州港"千帆竞过，百舸争流"的鼎盛繁荣。

隶属泉州市的永春县达埔镇以饱满的活力挥扬着古法制香的大旗。一年四季，只要是晴日，总能看到气派的美景。山色如娥，诸多制香户在空旷的场地上暴晒姹紫嫣红的香签，横排数列，一望无际，从远处望去，似是浑然天成的画作。

宋元时期，随着季风来到泉州的阿拉伯人是这里的主要香料贸易商。阿拉伯商人蒲寿庚曾任泉州提举市舶，其家族世代经营香料。明末清初，蒲氏家族移居达埔，他们发现此地气候宜人，植物繁盛，极适合播种制香原料，于是重操香业，并将制香工艺教给了当地的汉口村民。

汉口村历史最悠久的香厂——汉口制香厂内清香袅袅，浑身沾染香粉的工人们年复一年地用古法制作着天然香。传统的永春篾香制作步骤繁多，包括沾、搓、浸、展、切、抛、晾、染、晒9个流程。在现代机器的帮助下，部分制香工艺得以简化，如展香、抢香，但仍有一些需要手上技巧的活离不开经验丰富的制香工。只见制香工们神情专注，动作娴熟，先迅速挑出大把竹签中硬度不足、长度不够、粗细不均的竹签丢弃，将好签捆成碗口大小的圆柱体并系紧，再将竹签在水中浸透、甩干，放到香粉中均匀抖动。不一会儿，香签上便沾满了香粉。如此重复数遍，方可制罢。

我站在车间外不远处参观，空气中弥漫着极细的香雾，一不留神，我的衣服已染上斑驳的灰白色。但奇怪的是，我闻到香雾浓度极高的空气后，并无想打喷嚏的感觉，鼻息间，只有温暖的草药味与清新的植物香。制香工们休息交班时，我见一位迎面走来的老制香工精神矍铄，便好奇地问他："在车间工作了几十年，身子骨可康健？"头发胡子都已花白的他不解我为何问这个，略微掸了掸身上的香灰后，声音洪亮地说："我可是家里身体最棒的那个！"

结合方才的感受，我继续询问："为什么看上去烟尘弥漫的环境并没有影响工作者的肺部健康？"

老先生这才了然，笑盈盈地说："世上万物，只要是自然的，人就愿意亲近。走在森林里，或走在花田里，你会担心森林里或花田里的空气对身体不好吗？古法制香使用的原材料没有任何人工添加成分，只选用植物或药材作为香粉，虽有烟灰粉尘，但身体并不排斥。"

在车间不远处，上楼便是大晒台，一对戴着斗笠的夫妻正在这里将染色后的香签平铺、晒干。晒香是一门辛苦且看天吃饭的活计，天气好时，只需要几个小时，温暖的阳光便能将篾香晒干，但一旦下雨，工人们便要紧急抢救香签，将其运送到烘房内，以防受潮。这些在制香业工作了一辈子的工匠们，用传承工艺的真心换来了泉州永春乡的好名声。永春制造的篾香不但在国内市场上供不应求，而且延续着海上丝绸之路的繁盛，大量出口到东南亚国家。

林文溪先生既是永春制香的非遗传承人，也是一位企业家，至 2024 年，已在制香业耕耘了 38 年。早年，他的祖辈在达埔开设"兴隆香号"，口碑极佳。他说，他仿佛生来就属于这一行，年少时就对香非常感兴趣，小学时，常在路边偷偷看别人制香，下课后总背着书包在路边玩香。刚满 16 岁，他便去汉口制香厂当学徒，比同期的学徒更快地掌握了制香的全部技艺。作为一棵好苗子，林文溪很快被"伯乐"发现，转聘到台资企业，一路做到管理岗位。

　　祖辈的香缘、兴隆的名号时常萦绕在林文溪心头，作为家族第四代传人，他认为能回乡重振祖业、反哺家乡，比高薪来得有意义。

　　1993 年，林文溪毅然回乡办厂，重新打出家族香号，"兴隆香号"在他的手中重振雄风，成为世家香号。一开始，林文溪的制香路走得并不顺。当时，有着 300 余年历史的永春篾香市场竞争激烈，重新开张的品牌并不占优势，如果继续专攻篾香，亏损状态很难得以扭转。

　　面对这种情况，林文溪决定另辟蹊径，参考诸多古籍中的百花香方，研制符合现代审美情趣的花香香方。不断尝试了几十种花香材料后，最终，林文溪选择了清甜、轻盈的雪梨香。为了让雪梨香气留存得更久，他钻研了两年，直到某天，实验香方时，雪梨香还未被点燃，便可闻到沁人肺腑的雪梨香气，而点燃之后，香气袅袅升起，芬芳四溢，整栋楼的同事都闻到了这股香，悠然忘忧。

听着他的讲述，我暗暗心动。清新、芬芳的花香是诗歌的韵脚，鹅梨帐中香散发着"清甜笑蜜浓"的愉悦，荀令十里香则有"风动令君香"的暧昧。人们对香气的喜爱经年不变，至今仍常在衣襟上喷洒香水，用若有若无的香水味打造或恬静自然，或神秘悠远的气质。雪梨香的香味令我心驰神往。

"雪梨香研制成功时，我真是发自灵魂深处地喜悦，不仅为盘活企业而开心，更多的是自豪于作为一个制香人，能与千年香脉并肩而行，制出新的香方。"林文溪沉浸在美好回忆中，眼神异常温柔。

"传承与创新都是不容易的事情，一定有很辛苦的时候吧？"我问道。

"除了研究方子，找到好材料也很耗费时间。年轻的时候，我踏遍了沉香的产地。真正爱这行的人都知道，不同地区与年份的沉香，质量差别巨大。有些沉香原料以次代好，不易辨别，但我不会用。就算爱香人一时闻不出来，我的良心也过不去。我以前经常去偏远的山区找原料，车子开在九曲十八弯的山路上，进山就要耗费半日。我寻香时，晚上经常来不及返程，就借住在老乡家里。有烟火的地方就有香，好香难做啊！"顺着沉香原料的话题，他又想起一件有趣的事情。

名气做出来后，他成为本地香业领军人之一。有一次，他与团队一起去日本参加斗香大会，空闲时去逛一家有着几百年历史的香堂。营业员热情地招呼他们随便选，但是他们左看右看，不过几眼，便看出这里的价格比中国香堂内的同类香品昂贵太多。营业员见他们兴致寥寥，便说堂内好香很多，可再细选。这时，他与朋友盯着香堂一角摆放着的奇楠沉香，说："就这块还行，卖不卖？"此时，屋内的老板意识到来的是眼光毒辣的中国香业专家，赶紧出来诚心交流，双方收获都很大。那天，他很开心，香作为中国的文化基因之一，通过丝绸之路传到了日本、印度等国家，与当地文化杂糅后迸发了新的生机，并得到了当地人的喜爱。如今，能在香文化盛行的异域参加比赛，并与同行交流、借鉴，是难得的机会。

泉州的海上丝绸之路又被称为"海上香料之路"，香以似霞似云的姿态浸润进了异国，让各地人心甘情愿地被其牵引、缠绕，念念不忘。

为了致敬海上丝绸之路，让人们在品赏香品的同时感受海上香路的文化魅力，近年来，林文溪又研究出一套香品，名为"海丝·兴隆香之路"。他说："海上丝绸之路上有几个制香大国，它们制香历史悠久、技艺高超，还有本地特产原料，与当地制香人交流经验时，我脑海中灵感不断，于是回国后将有代表性的香品集结成套装，包括永春'千年沉香皇'竹签香、越南'红土水沉'线香、印度'老山檀'盘香。"

3年前，林文溪将"海丝·兴隆香之路"送去迪拜斗香会参加比赛，他希望品香师通过嗅觉复刻从泉州出发的海上香料之旅。

珍贵的永春"千年沉香皇"，内敛的香气如同中国制香人的品格，蕴藏了几代人的奉献与传承；越南"红土水沉"味甘、悠远、浓重，青烟弥漫中，仿佛能看到水手们在港口停锚，将一箱箱珍贵的原料搬运下船；闻到印度"老山檀"时，好似旅程行至印度，制香人找到了古老、神秘的珍稀檀树，在历史上，檀树因象征着权力和地位而被誉为"皇室之树"，其树种被装箱上船，随着贸易的脚步去到下一站……当阿拉伯评委打开套装，拿出精心搭配的点香器时，一定能会心一笑——莲花的形态、精巧的纹样，无不彰显着设计者的匠心。

匠心独具的制香人结合丝路理念，打造了一个芬芳的香世界。高手云集的全球斗香会上，来自各国的资深品香师齐聚一堂，同一款香会由几位品香师同时盲品，各自给出评价。

两年后，一座玉兰奖金奖的奖杯从迪拜寄到了泉州。

告别时，我问林先生："香对你的人生来说意味着什么？"

他笑着说："我可以没钱，但是不能没香。"

当夜，残月高悬，潮湿的海风在幽微星光的催眠下渐渐收歇。我坐在院子里的凤凰木下，轻轻划了一根火柴，依次召唤以海上丝绸之路为灵感的3款香气。

幽暗的天幕下，"千年沉香皇"以竹签状的篾香形式出现。点燃后，袅袅的白烟盘旋而上，显得格外神秘。伴随着这份神秘，沉静、悠长的气味跨越千年，与我对话。夜已深，香气却令我神清气爽，不禁思考林文溪为何要用这款香来代表泉州。

思绪回到泉州城内。每日，无数一尺长的篾香在泉州城内的数百座寺庙中被人们握在手中。泉州人热爱海洋，但也惧怕海洋夺走家人的生命，这种矛盾的心绪在篾香香气中得到了纾解。

将人们的情感诉求用嗅觉的方式来表达，想必这就是这款香柔软、浪漫的一面。

沉香燃尽后，我定了定心神，点燃了第二炷香，开启第二段香气之旅——越南。

"红土水沉"的味道比方才的沉香来得浓烈、馥郁，且夹杂着一丝辛辣。极具穿透力的、饱满且复杂的味道闯进鼻腔，独属于越南芽庄地区、被红色土壤掩埋的秘密味道幻化成越南炎热的气候、海滨的湿气，以及当地人热情洋溢的性格给游人带去的欣喜。它漂洋过海，带来东南亚的异域风情，激发着人们对遥远城邦的初次幻想。

星月缓移，随着最后的火星熄灭，我"离开了越南"。然而，令人欲罢不能的香气持续蛊惑着我，让我不自觉地继续嗅觉之旅。

第三次点亮火柴，印度"老山檀"开始散发它的魅力。我本以为印度香会如同复杂的咖喱香料般层次分明，然而出乎我的意料，这款香的气味温暖又柔和，微微带着玫瑰香、膏香与木香，稳定、持久，前调与后调并无明显差别。

这种稳定的香味，让我仿佛漫步在吉祥的印度神庙中，走进了远古悠然之境。在它的安抚下，我的心绪无比宁静，渐渐有了睡意。

一缕浮香伴我入梦，让我在梦中，继续享受奇妙旅程。

簪花围中的春风

次日，我来到古刺桐港畔的蟳埔村。海风温和，晴空日头悠长，朵朵浮云行走在一望无际的天青色中。妈祖庙前，缭绕的烟火燃尽了一整个秋的故事，蕴藏着一些关于信仰与牵挂的诗意。布满蚵壳厝的窄巷、榕树下如烟的光影、长街尽头的蚵仔煎……满满的烟火气。我在洛阳桥上邂逅过埋头处理海产的蟳埔女，这个村落集结了更多这样忙碌的女性。几位蟳埔女低着头，坐在板凳上，飞快、敏捷地用小铁锥撬开海蛎壳。一只只水灵灵的海蛎被剥出来了，朝暮间，她们亮丽的上衣与发饰美得不可逼视。

旧时，蟳埔女喜穿红柴汁衫或薯榔衫，分别用龙眼树根、薯榔熬煮成的胶状汁水染制，配上黑色的宽腿裤，极方便在海边的滩涂上劳作。如今，她们的衣衫色彩变得多样，与头上的"花园"交相辉映，似是将整个春天穿戴在了身上。长骨簪横穿髻心，两端外伸，髻上先插一两支剖蚝锥子，再请来一圈花神点缀，称为簪花围。蟳埔女少女时期便盘起秀发，系上红头绳，梳成圆髻。此外，她们会用种类繁多的花苞或花蕾串花环，少则一二环，多则四五环，以发髻为圆心，将花环圈戴在脑后。各式鲜花随季节变化，茉莉、含笑、玉兰、菊花是常客。波斯湾沿岸所产的各种花卉辗转通过海上丝绸之路来到中国，常驻在她们的发间。梳妆后，插上数枝永不败落的绢花，既有《踏歌词》中"风带舒还卷，簪花举复低"的韵律，也有古画中宋女簪满"一年景"花冠的情趣。

村口有一位年近 90 岁的老奶奶，向我娓娓讲述了她们年轻时的故事。

闽南人自古敢向浩渺无界的海洋讨生活，真武庙前的"吞海"石碑便彰显着此地人民经风斗浪、征服海洋的魄力。当地人告诉我，古时，"闽南出海者仅归十之二三"，这样的概率令人心惊。

蟳埔村的男人时常随着出海的商船远离家乡。对蟳埔女来说，经此一别，家人的音信便再难获悉。每当海啸卷过乌云，暴雨彻夜哀鸣，那份欲言又止的思念、行行复行行的感伤，便化成了暮色下的暗潮汹涌。

但她们没有资格在焦虑与担忧中蹉跎时光，男人去"吞海"，女人则要"讨小海"。蟳埔村特有的滩涂是天然的海蛎养殖环境，海水涨潮时夹带而来的蚝苗会附着在海蛎石上，海蛎可终年附着蚝石生长。为了维持家庭生计，无论寒暑，蟳埔女都会在滩涂养殖海蛎，天未亮便肩挑海货去泉州老城贩卖。哪怕在当今的市场上，泉州本地人还是最爱一大早来到"蟳埔姨"的摊铺前挑选海产，相信她们带来的海鲜最是货真价实、新鲜甜美。

蟳埔女的勤劳与优良口碑，助她们将小日子过得忙碌却安定。

辛苦的劳作外，陪伴蟳埔女的还有美。清晨的海雾扑上蟳埔女的簪花围，弥漫的水汽中不乏温柔与繁茂。在所有清冷、孤寂的等待中，哀伤被隐匿在了发髻上的鲜花间。这份对美的执着缓解了焦躁的心情，使人坚信与君重逢的那天并不遥远。簪花围泛着明亮又热烈的暖色，超越了时间与不幸。

在用心过好每一天的信念中，蟳埔人庆幸，生命中有妈祖这位海洋女神作为精神支柱。妈祖生前常救助海民，去世后被朝廷赐封。沿海人民铭记她的恩德，尊其为海神，立庙祭祀。在闽南这个多元海神文化盛行的地区，妈祖能成为一个标志，沿着海上丝绸之路与下南洋运动传播到东南亚，成为华人群体中影响力最大的海上保护神，离不开人们对女性力量的肯定。妈祖雕塑面容圆润、慈祥，富有母性光辉，其"立德、行善、大爱、包容"的精神，用悲悯与坚强的力量抚慰着生命中的困顿时光。

蟳埔村供奉妈祖的顺济宫是全村民间信仰活动的中心场所，它经历了从明清到现代的不停重建，如今依旧稳稳地屹立在人们眼前。癸卯年正月二十九，我在蟳埔村观摩了一场大型妈祖绕境巡安活动。村民介绍，顺济宫的香火是300余年前祖先从莆田湄洲祖庙"刈香"而来的，巡香活动从那个邈远的年代流传至今，一直兴盛不衰。

每年正月伊始，"妈祖宫董事会"的成员便会开始悉心准备妈祖绕境巡安的各种事宜。癸卯年正月二十九日清晨，日光将天空调和成明净的湛蓝色，海鸟时而拍打粼粼水面，时而盘旋在停泊着的渔船上。风平浪静，一艘艘渔船如乘风而归的鱼，告别波涛汹涌的潮汐，拥抱布满牡蛎的海域。

东方既白，盛装打扮的妇女们自发地聚集在顺济宫，扎花篮、拉大旗、煮斋面，忙得不亦乐乎。她们头上缤纷的簪花围与姹紫嫣红的大裾衫一同昭示着一场狂欢的开启。

上午10点整，在震耳欲聋的鞭炮声中，所有村民在顺济宫集合，将妈祖从顺济宫内请出，抬上铺满红绸的轿子，开始绕境巡安仪式。妈祖神轿被一群身穿姜黄色上衣的村民抬着、簇拥着，窄小的巷子水泄不通，手持高香的蟳埔村民紧随轿子，神态坦然、平和。

巡香队伍长若游龙。打头阵的蟳埔女手持扫帚，为妈祖扫除障碍、开辟道路；其后是几位男士，举着色彩艳丽的彩旗，彩旗上写有"蟳埔天上圣母绕境巡安"几个大字；队伍前排的村民各司其职，有人抬着六面锣开道，有人手持3根点燃的一两米高香；一队德高望重的蟳埔阿婆，分别手持一根点燃的一米多高香紧随其后；再往后看，蟳埔女方阵带来的是一场视觉盛宴——一队队肩扛彩旗、腰挂螺篓的蟳埔女浩浩荡荡地前行，分为龙虾螃蟹队、鲜花队、斗笠灯笼队、舞龙队、锣鼓队、鼓乐队等，每支队伍队首的两位蟳埔女负责拉横幅，红底金字的横幅上写着渔船队伍的编号，显示自家的虔诚。

鸣锣开道，花火飞天，绵延不绝的巡游队伍沿着海岸缓缓前行。村内，居民的门户前早已摆放好了"香妈桌"，队伍所到之处，户主纷纷持香放鞭炮，并进行祭拜。

巡香队伍绕境一圈后，回到顺济宫。惊险刺激的一幕出现了，蟳埔青壮年竭尽全力地抬着神龛，围着熊熊燃烧的火堆打转。先前后晃动、转圈颠轿，再跨越火堆、冲向顺济宫，最后安顿神像。村民告诉我，轿子晃得越厉害，越能保平安，大家围着神龛在火堆前来回晃动，寓意避灾祈福。

　　避灾与祈福，一直是老百姓心中最纯朴的愿望。妈祖绕境巡安是精神的狂欢，在热闹散去，回归平静后，村民们心中所希望的不过是家人温暖相伴，健康平安，岁岁年年！